THOMAS NIPPERDEY

Reformation, Revolution, Utopie

Studien zum 16. Jahrhundert

VANDENHOECK & RUPRECHT IN GÖTTINGEN

Thomas Nipperdey

geboren 27. 10. 1927, Studium der Philosophie und Geschichte an den Universitäten Köln, Göttingen und Cambridge (England). Promotion 1953 in Köln mit einer Arbeit über Hegel, Habilitation 1961 in Göttingen. 1963/67 Professor für Geschichte an der Technischen Hochschule Karlsruhe, 1967/71 an der Freien Universität Berlin, seit 1971 an der Universität München. 1970/71 Mitglied des Institutes for Advanced Studies in Princeton/USA, 1974/75 Gastprofessor am St. Antony's College Oxford.

Veröffentlichungen: Die Organisation der deutschen Parteien vor 1914 (1961); Konflikt — einzige Wahrheit der Gesellschaft? (1974); zahlreiche Aufsätze vor allem zu Problemen der deutschen Geschichte zwischen 1770 und 1933 und zur Theorie der Geschichte.

Kleine Vandenhoeck-Reihe 1408

Umschlag: Hans-Dieter Ullrich. — © Vandenhoeck & Ruprecht, Göttingen 1975. — Alle Rechte vorbehalten. — Ohne ausdrückliche Genehmigung des Verlages ist es nicht gestattet, das Buch oder Teile daraus auf photo- oder akustomechanischem Wege zu vervielfältigen.
Gesamtherstellung: Verlagsdruckerei E. Rieder, Schrobenhausen

ISBN 3-525-33374-9

Hermann Heimpel gewidmet

Inhalt

Vorwort

Die in diesem Band zusammengefaßten Aufsätze zu Problemen des 16. Jahrhunderts habe ich zwischen 1961 und 1966 geschrieben; vor allem die ersten drei haben seither in der wissenschaftlichen Diskussion weiter gewirkt. Auf den ersten Blick scheinen sie unterschiedlich: Untersuchung eines historiographischen Modells, des Marxismus, sozialgeschichtliche, die Forschung vergleichend reflektierende Analyse, geistesgeschichtliche, ja theologiegeschichtliche Interpretation von Texten, Untersuchung eines radikalen Seitenzweigs der deutschen Reformation und Untersuchung des englischen Humanismus. Aber mir schließen sie sich im Rückblick zusammen. Sie sind methodisch Beiträge zu etwas, was mir als eine notwendige Aufgabe der Geschichtswissenschaft hierzulande erscheint: eine neue Verbindung von Sozialgeschichte mit der Geschichte des Denkens, der Theorien, der Theologien, der Weltauslegung, meinetwegen: mit der Geistesgeschichte. Daran habe ich seither weitergearbeitet. Das ist kein Rückfall in eine vergangene Tradition, sondern der Versuch, die Sozialgeschichte vor Verengungen zu bewahren und auf eine integrale Geschichte zuzugehen.

Sachlich umkreisen diese Beiträge alle die Frage nach dem epochalen Charakter der Reformation und des Humanismus, die Frage nach dem Beginn einer neuen Zeit im 16. Jahrhundert und die Frage nach der Bedeutung dieses Beginns für die Neuzeit überhaupt. Darum sind es gerade die Begriffe Revolution und Utopie, zwei so spezifisch neuzeitliche Begriffe, die im Mittelpunkt der Analysen stehen, freilich jenseits modischer Faszination durch diese Begriffe oder ihrer uferlosen Ausweitung. Ich plädiere nicht dafür, die „Neuzeit" wieder um 1500 beginnen zu lassen und die Bedeutung von atlantischer und industrieller Revolution zu relativieren; aber die Bedeutung der frühneuzeitlichen Epochenscheide für die seit dem späten 18. Jahrhundert entstandene Moderne bleibt noch immer Frage und Problem des Historikers.

Was in diesem Bändchen fehlt, ist ein Aufsatz, der den möglichen Zusammenhang von Reformation, Revolution und Utopie und den erwähnten Zusammenhang der Epoche um 1500 mit der um 1800 eingehend diskutiert. Ich kann ihn jetzt nicht schreiben.

7

Und ein Autor sollte sich mit der Kommentierung seiner Aufsätze zurückhalten. Sie ist den Lesern überlassen.

Ich habe — mit einer Ausnahme — die ursprünglichen Texte übernommen. Da die drei ersten Abhandlungen sich explizit auf den Forschungs- und Diskussionsstand zur Zeit ihrer Abfassung bezogen, habe ich sie mit je einem Zusatz über die Fortentwicklung der Diskussion bis 1974 und den notwendigen bibliographischen Angaben ergänzt. Den Aufsatz über Thomas Morus habe ich mit einem Abschnitt zur Biographie des Morus und einer Bibliographie, denen mein Beitrag zu dem Band: Klassiker des politischen Denkens, I, 1968, zugrunde liegt, ergänzt. Da dieser Text eine eigene Interpretation der Utopia des Morus im Zusammenhang mit den Problemen des 16. Jahrhunderts und der Geschichte des utopischen Denkens bietet, schien mir ein ausführliches Eingehen auf die neuere Morus-Literatur und zumal auf die stark angeschwollene Literatur zum Utopie-Problem im allgemeinen nicht angebracht; ich habe aber das kurz kommentierende Literaturverzeichnis auf den neuesten Stand gebracht. Ich hoffe, mit diesen Zusätzen und bibliographischen Hinweisen das Buch für den Leser, der an den angeschnittenen Problemen weiter arbeiten will, besser benutzbar gemacht zu haben. Für Mithilfe bei der redaktionellen Textgestaltung danke ich Herrn Dr. W. Becker.

Ich widme diese Aufsatzsammlung Hermann Heimpel, bei dem ich nach dem Kriege zuerst und in langen Jahren der Zusammenarbeit immer wieder Faszination und Disziplin im Umgang mit der Vergangenheit und dem 16. Jahrhundert zumal erfahren habe.

Oxford, im Dezember 1974   Thomas Nipperdey

Die Reformation als Problem der marxistischen Geschichtswissenschaft*

Das Thema der nachfolgenden Überlegungen mag im Rahmen einer so weit gespannten Vorlesungsreihe zunächst sehr speziell erscheinen, und die in und von der DDR zum 450jährigen Jubiläum der Reformation 1967 geplanten Feiern wären doch nur ein sehr vordergründiger aktueller Anlaß, sich mit diesem Gegenstand zu befassen. Ich glaube aber, daß sich die Frage nach Struktur und Tendenz einer bestimmten Art, Geschichtswissenschaft zu betreiben, eben der marxistischen, am besten beantworten läßt, wenn man einen konkreten Gegenstand historischer Forschung in den Blick nimmt, und dazu scheint allerdings die Reformation besonders geeignet. Sie soll hier als Modellfall für eine marxistische geschichtswissenschaftliche Analyse überhaupt fungieren.

Die Grundthese der marxistischen Geschichtswissenschaft über die deutsche Reformation, und nur von der Reformation in Deutschland soll hier die Rede sein, lautet: die Reformation ist die frühbürgerliche Revolution, oder genauer: die Reformation ist der erste und entscheidende Akt der frühbürgerlichen Revolution in Deutschland. Die Begründung, den Sinn und die Problematik dieser These darzulegen — das ist die Absicht dieses Vortrags; ich muß darauf verzichten, die sehr interessante Geschichte der These, die im Ansatz schon auf Friedrich Engels zurückgeht, darzustellen, und konzentriere mich auf die gegenwärtig in der Historiographie der Sowjetunion und der DDR herrschende Ansicht[1].

Zunächst sollte man das Erstaunliche der These realisieren. Das Wesen einer sehr komplexen Erscheinung wird in *einem* Satz, und zwar einem sehr einfach strukturierten, formelhaften Satz, einer Art definitorischer Identifizierung begriffen. Diese Identifizierung besagt, daß die Reformation etwas anderes ist als das, was sie zu sein den Anschein hat, und etwas anderes als das, was sie zu sein beansprucht; sie ist nämlich eine Revolution, das ist freilich eine seit 1789 — von Bonald und de Maistre bis zu Eugen Rosenstock, von dem Tübinger Hegel bis zu dem Tübinger Rudolf

* Zuerst in: Wissenschaft in kommunistischen Ländern, hrsg. v. D. Geyer, Tübingen 1967, S. 228—258. Der Band beruht auf einer Tübinger Vorlesungsreihe.

9

Stadelmann — häufig aufgestellte These, und sie ist Revolution — vorsichtig gesagt — bezogen auf eine Klasse, das Bürgertum; sie ist primär nicht eine religiöse, sondern eine soziale Erscheinung. Mit der Charakteristik als „bürgerliche" Revolution wird die Reformation in den Zusammenhang der „bürgerlichen" Revolutionen in England im 17. und in Frankreich im 18. Jahrhundert hineingestellt und damit als neuzeitlicher, nicht mehr mittelalterlicher Geschehenskomplex begriffen, wenn sie auch — mit der niederländischen ‚Revolution' des 16. Jahrhunderts — als *frühe* bürgerliche Revolution von jenen klassischen Revolutionen unterschieden wird. Man könnte nun die Grundsätze des historischen Materialismus hernehmen, diese aus dem Klassenkampf des 19. Jahrhunderts erhobenen Erfahrungssätze, die zu Axiomen aller Geschichtsbetrachtung hypostasiert worden sind, und zeigen, wie sie auf das historische ‚Material' des Reformationszeitalters angewandt werden und wie sich daraus die marxistische These ergibt; und die marxistischen Darstellungen gehen normalerweise auch so vor, daß aller Beschreibung, Verknüpfung und Interpretation von Phänomenen immer ganz explizit jene Axiome zugrunde gelegt werden, die man nicht mehr zu beweisen, sondern höchstens zu bestätigen braucht. Für unsern Zweck aber wäre ein solches Verfahren wenig ergiebig, es würde simplifizierend nur das Schematische darstellen, und es würde jede Diskussion des konkreten Problems Reformation zwischen Marxisten und Nichtmarxisten ausschließen, weil solche Diskussion in den Bereich einer abstrakten Geschichtsontologie verwiesen wäre. Wir wollen darum *nicht* von den Grundsätzen des historischen Materialismus ausgehen, sondern von denjenigen Phänomenen und Problemen, die sich *jeder* wissenschaftlichen Analyse der Reformation stellen. Erst von einer solchen phänomenalen Basis aus ergibt sich ein wirklicher, bis zu einem gewissen Grade nachvollziehbarer Zugang zu der marxistischen Interpretation und zu ihren Problemen, die wir hier darzustellen und zu analysieren haben. Zuletzt dann werde ich einige ontologische und erkenntnistheoretische Kategorien erörtern, die in der marxistischen Interpretation eine Rolle spielen, und von daher unsere Art, Geschichtswissenschaft zu betreiben, kritisch reflektieren. Es kommt mir dabei darauf an, sowohl die Legitimität des marxistischen Ansatzes wie seine dogmatische Verabsolutierung und seine scholastischen Verengungen in der Durchführung aufzuzeigen.

Wir gehen aus von der Tatsache, daß Luthers Auftreten eine große und allgemeine Bewegung ausgelöst hat, eben die Reformation, daß die Reformation — in gewissem Maße — erfolgreich war und sich als weltgeschichtliche Kraft konsolidiert hat. Daraus ergibt sich — unter anderem — die Frage: welches sind die Bedingungen oder die Ursachen für diese Wirkung, warum schlägt Luthers Reformation ein; erst wenn auch diese Frage beantwortet ist, kann etwas über das geschichtliche Wesen der Reformation ausgesagt werden. — Die moderne, vornehmlich theologische Luther-Forschung nun sucht, durchaus legitim, den spezifischen Gehalt und die eigentliche Intention der lutherischen Theologie herauszuarbeiten, aber dabei kommt ihr die wirklich historische Frage nach den Ursachen der Wirkung Luthers abhanden: denn je schärfer das Eigentliche der lutherischen Theologie zur Geltung gekommen ist, desto größer wird der Abstand zwischen Luther und seinen mittelalterlich oder humanistisch denkenden Zeitgenossen und Anhängern, desto schwieriger wird es, die Wirkung eines Luther, den niemand in seiner Zeit verstanden hat, zu verstehen und damit die Reformation als ein wirklich weltgeschichtliches Phänomen zu begreifen. Aus diesem Grunde wirft die marxistische Wissenschaft solcher Forschung mit einem gewissen Recht vor, daß sie das *geschichtliche* Phänomen gerade aus dem Blick verliere, daß sie ahistorisch sei[2]. Eine Beschränkung auf das Problem Luther ist darum für keine historische Betrachtung der Reformation möglich.

Um nun unsere Frage nach den Ursachen und Bedingungen für die durchschlagende *Wirkung* Luthers und die klassische Frage nach den Bedingungen für seine Erscheinung überhaupt zu beantworten, muß man sich der Situation in Deutschland vor der Reformation, der Situation um 1500, zuwenden, und das hat natürlich auch die nichtmarxistische Geschichtswissenschaft immer getan, wenn sie auch dabei nur mitbedingende Faktoren herausgearbeitet hat, nicht aber wie die marxistische Wissenschaft ein Insgesamt von Ursachen, die für eine Erklärung hinreichen.

Die Situation Deutschlands um 1500 ist, darüber besteht weitgehende Einigkeit, durch eine Reihe von Krisen und krisenhaften Konflikten gekennzeichnet. Ich muß mich hier damit begnügen, die wesentlichen Krisen und Konflikte nur gerade zu nennen: wir finden eine Krise des Reiches und des Kaisertums, deren Funktionsfähigkeit erheblich beeinträchtigt ist; in der jahrzehntelangen Debatte über die Reichsreform und in der Tatsache, daß diese Reform im wesentlichen gescheitert ist, liegt das offen zu Tage. Die Territorialisierung des Reiches, der Ausbau der Landesherrschaft, führt zu Konflikten zwischen den verschiedenen Territorialherren, zwischen Fürsten und Städten und zwischen den Fürsten und dem Adel, den Rittern; zumal der niedere Adel gerät darüber (und wegen der Veränderungen der Kriegsverfassung und des Aufstiegs der Städte) in eine bedrohliche Krise. Versuche, manche dieser Konflikte durch Einungen wie den Schwäbischen Bund zu bewältigen, haben nur relativen Erfolg gehabt. Die politische Ordnung vermag nicht, wirklich Frieden zu sichern. Auch die Kirche befindet sich als Institution wie als Glaubens- und Frömmigkeitsgemeinschaft in einer tiefen Krise. Eine Fülle von Mißständen und eine entsprechende, vehemente Kritik, zumal an der päpstlichen Kirchenverwaltung — die „Gravamina" der deutschen Nation—, Konflikte der weltlichen landesherrlichen und städtischen Obrigkeiten mit dem Klerus und den kirchlichen Herrschaftsinstitutionen, skeptisch-kritische Regungen, eine die religiöse Unsicherheit kompensierende Massivität der Frömmigkeitsäußerungen und schließlich die Diskussionen und Ansätze zu einer Kirchenreform, das sind die allbekannten Phänomene dieser Krise. Mit dem Humanismus tritt eine geistige Bewegung in Erscheinung, die in einem, wenn auch vielleicht nur relativen Gegensatz zur kirchlichen und geistigen Tradition des Mittelalters steht. Die Kurve der sozialen Konflikte steigt an: die Gegensätze zwischen Bauern und Herren verschärfen sich, es kommt seit 1476, seit der Bewegung um den Pfeifer von Niklashausen, zu einer Reihe von Massenbewegungen und Aufstandsversuchen, wie den Bundschuhbewegungen am Oberrhein und dem Armen Konrad in Württemberg. Ein allgemeiner Aufstand des „gemeinen Mannes" gilt vielen Zeitgenossen als durchaus möglich, ja als wahrscheinlich. In den Städten nehmen die Auseinandersetzungen zwischen den verschiedenen politisch-sozialen Gruppen, zwischen Zünften und Patriziat, zwischen einer patrizisch oder zunftmäßig bestimmten Ratsoligarchie und den nichtrepräsentierten Bürgern oder den unterbürgerlichen Schichten zu. Die Proteste gegen die großen Kapital- und Handelsgesellschaften, etwa die Fugger, und die Konflikte um ihre Praktiken gewinnen an Bedeutung. Fürsten, Ritter, Bürger und Bauern stehen so in vielfältig sich überschneidenden und sich verschärfenden Gegensätzen zueinander. Schließlich ist die Zeit von einem alle Schichten durchdringenden, auffallend starken Krisenbewußtsein erfüllt, wie es in eschatologischen Vorstellungen und Prophetien zumal zum Ausdruck kommt.

An diesen Phänomenen setzt nun die marxistische Interpretation ein: 1. gelten die Krisen als dominierendes Charakteristikum aller Bereiche, des politisch-sozialen Körpers, der Kirche, der Welt des Geistes. Die Auffassung, daß fast alle diese Krisen nur relativ seien, daß neben ihnen doch ein breiter Strom fragloser

Selbstverständlichkeit einherläuft, daß z. B. gerade die Abkehr von der mittelalterlich-kirchlichen Frömmigkeit in Deutschland viel weniger ausgeprägt gewesen sei als in West- und Südeuropa, wo doch die Reformation nicht entstanden ist, wird abgelehnt. 2. Diese Krisen werden zu *einer* Krise zusammengefaßt; sie haben einen gemeinsamen Nenner und einen gemeinsamen Ursprung. Das ist sowohl heuristischer Grundsatz wie Ergebnis der wissenschaftlichen Analysen. Die — in der nichtmarxistischen Wissenschaft häufig anzutreffende — Annahme mehrerer, nebeneinander herlaufender Krisen, einer sozialen, einer politischen und einer kirchlichen Krise etwa, die entweder voneinander unabhängig sind oder ohne angebbare gemeinsame Ursache in einem Verhältnis der Interdependenz zueinander stehen, gilt als unwissenschaftlich und irrationalistisch. — Diese beiden Maximen der Interpretation — Dominanz und einheitlicher Charakter der Krise — werden aber auch in der nichtmarxistischen Forschung teilweise entschieden vertreten. Alle älteren Diskussionen über die Epochenscheidung Mittelalter/Neuzeit, alle Überlegungen über das „ausgehende Mittelalter" oder die „große Wende", um die Titel zweier bedeutender Werke von Stadelmann und Peuckert zu zitieren[3], sind von diesen Maximen geleitet, sie fassen die Situation des Umbruchs einheitlich auf und suchen jedenfalls nach einem einheitlichen Grund dafür, wenn dieser Grund auch nicht durch *einen* Faktor anzugeben ist, sondern nur als sehr komplexes Gefüge beschrieben werden kann. 3. Die marxistische Geschichtswissenschaft nun findet den Grund für die allgemeine Krise in ökonomisch-sozialen Veränderungen, in Veränderungen der sogenannten Produktivkräfte und im Entstehen der kapitalistischen Produktionsweise, die in Gegensatz zu den herrschenden Produktionsverhältnissen geriet, zu der herrschenden, nämlich gebundenen, nicht-mobilen, vorwiegend naturalwirtschaftlichen Gesellschafts- und Rechtsordnung, wie sie das Verhältnis von Grundherren und Bauern, das Verhältnis von Land und Stadt, das Verhältnis der Unzahl von Territorien untereinander oder die Zunftordnungen bestimmte. Die entstehende, erst rudimentär vorhandene, aber eben *neue* Produktionsweise wird als bürgerlich-kapitalistisch, die herrschende Gesellschaftsordnung als feudalistisch charakterisiert. Ich kann hier die wirtschaftsgeschichtlichen Fakten, die dieser Ansicht zugrunde liegen, die Ansätze zur frühkapitalistischen Produktion im Silber- und Kupferbergbau, im Handel und im Textilgewerbe (Verlagswesen) weder im einzelnen noch in ihrer gesamtwirtschaftlichen Bedeutung diskutieren. Wir können aber festhalten, daß das, was die marxistische Wissenschaft die Ware-Geld-Beziehung nennt, die geldwirtschaftliche Fixierung und Umgestaltung aller ökonomischen Beziehungen, außerordentlich stark ansteigt, mag das nun allein am Wandel der Produktivkräfte liegen oder noch von anderen Faktoren, z. B. der Änderung der Kriegsverfassung oder der Wirtschaftsgesinnung abhängen; und daß die sozialen und politischen Beziehungen der einzelnen Gruppen der Gesellschaft, der Mächte und Herrschaftsinstitutionen und auch die kirchlichen Verhältnisse wesentlich von der zunehmenden Bedeutung des Geldes und seiner revolutionierenden Macht mitbestimmt werden. Auch ein nichtmarxistischer Autor wie Peuckert neigt daher dazu, die Krise aufgrund eines umfassenden Materials zur Seelen- und Bewußtseinsgeschichte soziologisch zu interpretieren, sie als Konflikt einer aufsteigenden bürgerlichen Kultur mit einer zu Ende gehenden bäuerlichen Kultur zu verstehen, ohne freilich diesen Konflikt allein oder überwiegend aus dem Wandel der Produktivkräfte zu erklären. Für die Marxisten aber *beruht* die Krise ganz und gar auf dem Gegensatz der frühkapitalistisch-bürgerlichen Produktion und des entsprechenden Sozialverhaltens zu dem sogenannten feudalen System, und zwar derart, daß dieser Gegensatz alle Gegensätze der feudalen Gesellschaft — die Gegensätze zwischen Zünften und Patriziat, unterbürgerlichen Schichten und Stadtbürgern und vor allem zwischen ausbeutenden Herren und ausgebeuteten Bauern — überlagert, sie krisenhaft verschärft oder mit ihnen verschmilzt; erst das Aufkommen der bürgerlichen Produktionsweise, die Intensivierung der Ware-Geld-Beziehung und der darauf beruhende Ausbau der Landesherrschaft, erklärt z. B. das Anwachsen des Druckes der Herren auf die Bauern, einen Prozeß, den die marxistische Wissenschaft als Refeudalisierung beschreibt. Die Klassen werden schärfer in sich und unter sich differenziert und damit wachsen die Gegensätze. Diese Überlagerung und Steigerung zweier sozialer Gegensätze, des innerfeudalen Gegensatzes und des Gegensatzes der bürgerlich-frühkapitalistischen zur feudalen Welt, gilt als das eigentlich Charakteristische für die deutsche Situation von 1500. Auch die politischen, geistigen und kirchlichen Phänomene und Krisen werden aus jenen ökonomisch-sozialen Konflikten erklärt, so z. B. die Bildung der Territorialstaaten (hier soll zusätzlich noch die Tendenz, die Massen niederzuhalten, eine Rolle spielen) oder das Aufkommen des Humanismus — daß der unmittelbare Anlaß der Reformation, die Ablaßpredigten Tetzels, eine direkte Folge der kurialen und bischöflichen Finanzgebarung war, ist ja bekannt genug. Bei diesen Erklärungen, der Reduktion der fundamentalen Phänomene und Veränderungen im politisch-rechtlichen und „ideologischen" Bereich, im Bereich des „Überbaus", auf die sozial-ökonomische „Basis", geht es vorläufig nicht ohne Künstlichkeiten und Sprünge ab, zum Teil begnügt man sich mit bloß deklamatorischen Versicherungen. Über Luthers Eintritt ins Kloster z. B. wird nur der ungemein erleuchtende Satz gesagt, hier habe sich der Konflikt von Altem und Neuem auch in einer privaten Entscheidung ausgewirkt, diese Entscheidung sei „Ausdruck der allgemeinen gesellschaftlichen Krise" (S. 88). Psychoanalytische Erwägungen, wie sie Erik Erikson in einem bedeutenden Lutherbuch angestellt hat[4], um den Zusammenhang der gesellschaftlichen Situation von Luthers Eltern mit der Bildung seiner Individualität und seiner spezifischen Fassung theologischer Wirklichkeiten und Probleme aufzuzeigen, können, solange die marxistische Wissenschaft die Psychoanalyse so repressiv wie bisher ablehnt, von ihr nicht angeeignet werden; hier läge eine Möglichkeit, gesellschaftliches Sein und Bewußtsein konkret zu vermitteln, wenn auch eine solche Methode nicht den marxistischen Anspruch auf kausale und vollständige Erklärung erfüllen kann, sondern nur einen Bedingungszusammenhang aufweist.

Ehe wir auf die Einordnung der Reformation in den Zusammenhang der Krise eingehen, müssen wir noch auf einige andere Phänomene und ihre Interpretation hinweisen, die für die marxistische Gesamtbeurteilung von außerordentlicher Wichtigkeit sind. Einmal: die Reformation ist, zunächst 1517 bis 1521, eine Bewegung des Volkes, sie wird *nicht,* wie z. B. im England Heinrichs VIII., durch Obrigkeit und Herrschaft „eingeführt", sondern sie breitet sich spontan aus, sie ist eine *gegen* die bestehende und traditionelle kirchliche Ordnung gerichtete Bewegung von unten, nicht von oben; das ist formal gesehen ihr revolutionärer Zug, und dieser Zug wird von der marxistischen Wissenschaft sehr stark akzentuiert, ja insofern einseitig herausgestellt, als die Teilnahme auch von Fürsten und Herren und die Tatsache, daß sich diese Bewegung von unten zunächst nicht entschieden *gegen* oben richtet, ganz in den Hintergrund tritt. Zum zweiten: der Erfolg Luthers in den Jahren 1517—21 läßt sich aus einigen Momenten der beschriebenen Krisensituation erklären, so aus dem Konflikt zwischen Fürsten und Kaiser, der Luther eine Atempause und den Schutz seines Landesherrn verschaffte; vor allem aber beruht der Erfolg Luthers darauf, daß er, mag das auch nicht in seiner Absicht gelegen haben, faktisch die in weiten Teilen des Volkes mächtige Kirchenkritik, die antirömischen und antipfäffischen Sentiments mobilisiert und aktualisiert hat. Die

15

marxistische Wissenschaft sieht darin das entscheidende Moment des Erfolges: die Reformation setzt sich *primär* durch als Angriff auf die Kirche und nicht — das wäre eine mögliche Gegenthese — als eine neue Theologie, so gewiß natürlich die Theologie eine wichtige Funktion bei dem Angriff auf die Kirche hat. Diese Beurteilung wird dann sogar auf Luther selbst zurückprojiziert, Luther habe primär eine Reform der Kirche gewollt, die Zentralstücke seiner Theologie, vor allem sein Begriff eines personalen, nicht mehr verdinglichten Glaubens, werden als Kritik an den Institutionen der Kirche, dem Priester- und Mönchtum z. B., gedeutet, oder seine eigentliche „progressive" Bedeutung wird gar nicht in seiner Lehre, sondern in seinem „praktischen Kampf gegen das parasitäre Wesen der römischen Kirche" (S. 92) gesehen. Damit ist letzten Endes — gemäß der marxistischen Axiomatik — die Autonomie des Religiösen negiert und das religiöse Phänomen auf ein soziales reduziert. Drittens schließlich: 1524/25 bricht der Bauernkrieg aus, die größte revolutionäre Erhebung von Volksmassen gegen die bestehende Ordnung, die es in Deutschland vor dem 19. Jahrhundert gegeben hat. Zweifellos steht diese Erhebung in einem Zusammenhang mit der Reformation, die Parole vom göttlichen oder evangelischen Recht wurde zum alle Aufständischen vereinenden Schlachtruf, die Bauern fühlten sich in innerer Nähe zu Luther, die Reformation wirkte als mobilisierender, intensivierender und integrierender Faktor auf die bäuerliche Bewegung, mögen auch die Ursachen des Bauernkriegs nicht in der Reformation liegen, mögen auch die Bauern Luther grundsätzlich mißverstanden haben. Für die marxistische Wissenschaft nun ist der Zusammenhang von Reformation und Bauernkrieg ein zentrales Phänomen, und zwar wird der Zusammenhang nicht als bloß chronologischer oder zufälliger, sondern als notwendiger Zusammenhang verstanden; ohne das Faktum des Bauernkriegs ist das Wesen der Reformation nicht zu begreifen, ohne die Reflexion auf diesen Zusammenhang wird jede Interpretation der Reformation unhistorisch. Damit haben wir den Kreis der Phänomene und ihrer marxistischen Interpretation abgeschritten: eine allgemeine Krise um 1500, die sich aus ökonomisch-sozialen Ursachen erklärt, die Reformation als Volksbewegung und als Angriff auf die Kirche, der Bauernkrieg als ein wesentliches Stück der reformatorischen Bewegung. Von dieser Basis aus wird die Definition der Reformation als frühbürgerliche Revolution entwickelt. Aus dem bisher Gesagten folgt diese Definition noch nicht: der Zusammenhang der sozial-ökonomisch bedingten Krise mit dem reformatorischen

Angriff auf die Kirche ist noch dunkel, die Deutung *dieses* Angriffs als frühbürgerliche Revolution noch nicht einsichtig. Um diese Definition zu begründen, werden zwei geschichtstheoretische Überlegungen eingeführt. 1. Aus dem Gegensatz der frühkapitalistisch bürgerlichen Produktionsweise und ihrer politischen und ideellen Konsequenzen zu den feudalen Produktionsverhältnissen wird eine historische Notwendigkeit des Fortschritts zur ungehinderten kapitalistischen Produktion gefolgert; diese Notwendigkeit wird näher entfaltet, und hier kommt eine unserer Tradition des Historismus ganz fremde Kategorie herein, als eine Anzahl bestimmter, objektiver *Aufgaben* der Zeit; es ging um die Beseitigung der Hemmungen, die das feudale System der Entwicklung des Kapitalismus entgegensetzte. Zu diesen sogenannten Aufgaben gehört vor allem die Überwindung der kleinräumigen Territorien, die Schaffung nationaler Marktverbindungen und zentraler Gewalten durch eine nationale Monarchie. Aus der Interpretation der englischen und französischen Geschichte wird gefolgert, daß eine nationale Monarchie, die auf dem Bündnis von Königtum und Bürgertum beruhte, den sozial-ökonomischen Fortschritt gegenüber dem Feudalismus repräsentiert. Die ökonomisch-soziale Aufgabe der Zeit war daher — so heißt es in den letzten zehn Jahren in der DDR — eine „nationale Aufgabe" (S. 159)[5], Deutschland mußte eine Nation werden, die Territorialgewalten, also die Fürsten, mußten als innerer „Hauptfeind" (S. 84) beseitigt oder zurückgedrängt werden. Weil nun in Deutschland eine nationale Monarchie gerade fehlte, die die Widersprüche zwischen kapitalistischer Produktion und feudaler Gesellschaftsverfassung überwinden oder ausgleichen und den Gegensatz zwischen Bauern und Herren entschärfen konnte, weil also das feudale System in Deutschland — im Unterschied zu anderen Ländern — die Krise nicht auffangen konnte, entstand hier eine revolutionäre Situation. Die revolutionäre Lösung der grundlegenden Gegensätze durch eine bürgerlich-antifeudale Bewegung wurde möglich, ja der „Angriff auf das Feudalsystem" wurde „historisch notwendig" (S. 67), „die von Martin Luther ausgelöste Revolutionsbewegung" wurde „zur historischen Notwendigkeit" (S. 50). Also: aus der beschriebenen Krise wird die Notwendigkeit einer antifeudalen bürgerlichen Revolution hergeleitet. Dabei wird offenbar Notwendigkeit einerseits kausal — als Naturnotwendigkeit — verstanden: aus der gegebenen Lage mußte die Revolution entspringen; darum ist die Krise nicht wie in der nichtmarxistischen Wissenschaft *ein* Bedingungskomplex (unter anderen), der die Wirkung der Reformation verstehbar macht, sondern in der Krise ist das Insgesamt der *Ursachen* der Reformation zu sehen, die Reformation ist Folge und Ergebnis der Krise. Zum andern wird Notwendigkeit teleologisch und normativ verstanden: in der gegebenen Lage mußte, wenn der Fortschritt der Weltgeschichte und die eigentliche Aufgabe des Menschen realisiert werden sollten, die Reformation in Angriff genommen werden; die Krise enthält in sich eine Tendenz zur Lösung, zur Lösung durch die Reformation als bürgerliche Revolution.

Warum ist aber gerade die Reformation diese notwendig gewordene Revolution, die Reformation, die die nichtmarxistische Wissenschaft seit der Überwindung der liberalen Reformationsanschauung gerade im Gegensatz zu *bürgerlichen* Tendenzen sieht, Gesellschaft und Welt zu verwandeln[6]? Das erklärt die zweite theoretische Überlegung: die Kirche nämlich gilt seit Engels als die „zentrale geheiligte Organisation"[7] des Feudalsystems, als Instanz, die die herrschenden Verhältnisse mit einer „religiösen Weihe" (S. 67) stabilisierte und den Aufstieg des Bürgertums durch ihre antibürgerliche Wertordnung, die Aussonderung einer sakralen Sphäre, des Priester- und Mönchtums, und die Minderbewertung der bürgerlichen Arbeit z. B., hemmte. Die Kirche ist mit geistlichen Territorien und Klöstern der größte Grundbesitzer in Deutschland und damit einer der wichtigsten Nutznießer der feudalen Ordnung, und sie steht wegen ihrer Abhängigkeit von Rom im Gegensatz zu den Erfordernissen der nationalen Entwicklung, Deutschland ist, weil es kein Nationalstaat ist, „Hauptausbeutungsobjekt" (S. 86) der kurialen Finanzpraktiken, das Papsttum ist der „äußere Hauptfeind" (S. 84) der Nation[8]. Schließlich war die Kirche die schwächste Stelle des feudalen Systems: denn ein Angriff auf ihre weltliche Machtstellung konnte auch bei einem Teil der Fürsten und Feudalherren auf Zustimmung rechnen: der Angriff auf die Kirche konnte große Teile der Nation über alle Sonderinteressen hinweg einen. Aus diesen Gründen war der Angriff auf die Kirche, der nach den Gegebenheiten der Zeit nur als Angriff auf ihre Lehre statthaben konnte, ein Angriff auf das Herzstück des feudalen Systems, und ein *solcher* Angriff mit dem Ziel, das feudale System durch ein bürgerliches abzulösen, war in Deutschland wegen seiner besonderen ökonomisch-sozialen und politisch-nationalen Situation zur „historischen Notwendigkeit" (S. 50) geworden. Deshalb ist die Reformation die frühbürgerliche Revolution. Luthers Theologie war „objektiv ... Ausdruck des ökonomischen und politischen Kampfes des Bürgertums und der Volksmassen gegen die ... allen gesellschaftlichen Fortschritt hemmende Papstkirche" (S. 90); sie ist nicht seine persönliche

Tat oder Leistung, sondern „sie wurzelt in den Bedürfnissen der deutschen Gesellschaft des beginnenden 16. Jahrhunderts" (S. 90). Der Bauernkrieg zeigt dann als Folge der Reformation, wie sehr diese auch über den Angriff auf die Kirche hinaus eine antifeudale und bürgerliche Revolution wirklich gewesen ist. Durch diese Konstruktion ist das historiographische Problem gelöst, einen einheitlichen Zusammenhang der drei Hauptphänomene des frühen 16. Jahrhunderts: der allgemeinen Krise, der Reformation und des Bauernkriegs herzustellen, und damit — nach marxistischer Ansicht — das geschichtliche Wesen der Reformation erst wirklich begriffen.

Die marxistische Konstruktion der Reformation als frühbürgerlicher Revolution gerät nun in erhebliche Schwierigkeiten, wenn man nach dem Träger der Revolution fragt. Die Revolution soll eine bürgerliche sein, und zwar weil ihre Ursache der Konflikt der frühkapitalistisch bürgerlichen Produktionsweise mit den feudalen Produktionsverhältnissen ist, weil ihr Gegner das feudale System gewesen ist, zunächst die römische Kirche, dann im Bauernkrieg die feudalen Gewalten überhaupt, und weil ihre geschichtliche Aufgabe die Herstellung der Bedingungen für die bürgerliche Produktionsweise gewesen ist. Aber wer ist das Subjekt dieser Revolution? Die naheliegende Hypothese, das Bürgertum sei der Träger dieser Revolution, stößt auf viele von der marxistischen Forschung selbst gesehene Schwierigkeiten. 1. Die eigentlichen Vertreter des frühkapitalistischen Bürgertums, die Teilhaber der großen Handels- und Verlagsgesellschaften und Teile des Handelspatriziats, stehen keineswegs in einem feindlichen Verhältnis zum sogenannten Feudalsystem, zu Fürsten und Kaiser, sie sind auch keineswegs zu den führenden Kräften der Reformation zu rechnen, sondern eher zu den retardierenden Elementen. Diejenige Schicht, deren Produktionsweise durchzusetzen das Ziel der Revolution sein sollte, steht im großen und ganzen gegen die Revolution. 2. Das Gros des städtischen Bürgertums kann keineswegs als eine entwickelte bürgerliche Klasse angesehen werden, es ist vielmehr antikapitalistisch und „noch weithin zünftlerisch gebunden und befangen, in seinen Hauptvertretern an die feudalen Zustände gekettet und somit ohne Willen und Kraft zur Selbstbefreiung und Weiterentwicklung"[9]. Es steht zwar in einem gewissen Gegensatz zu dem grundherrlichen Adel und den Territorialfürsten, aber in seiner großen Mehrheit keineswegs in einem *grundsätzlichen* Gegensatz zum feudalen System: der antifeudale Aufstand der Bauern wird von der Mehrheit der Bürger nicht unterstützt, die Bürger sind antibäuerlich und damit im Sinn der von den Marxisten bevorzugten Freund-Feind-Polarisierung letztes Endes profeudal. Das faktische Bürgertum des 16. Jahrhunderts kommt also als *bewußter* Träger der frühbürgerlich antifeudalen Revolution *nicht* in Betracht. Das gilt ähnlich 3. auch für die städtischen Unterschichten, die die marxistische Wissenschaft seit Engels Plebejer nennt: sie sind zwar in den innerstädtischen Bewegungen gegen die alte Kirche und gegen Ratsoligarchien, ja z. T. für eine Verbindung mit den Bauern und also antifeudal, aber ohne revolutionäre Konsequenz und ohne bürgerliche Ziele. 4. Die Bauern sind die Massen, die die Revolution tragen, aber sie sind eben keine Bürger; daß die bäuerliche Revolution Teil einer bürgerlichen Revolution sein soll, stellt gerade das Problem dar. 5. Die reformatorische Bewegung reicht weit über den Bereich der sogenannten Massen und des Bürgertums hinaus in den Kreis des Adels und der Fürsten. Man mag das zwar mit der durch den Aufstieg des Bürgertums bedingten Krise und der dadurch akzentuierten Gegnerschaft gegen die römische Kirche erklären und auf die materiellen Interessen dieser Kreise an einer Säkularisation der Kirchengüter — an den „böhmischen Geschenken" — hinweisen, jedenfalls bleibt bestehen, daß ein Teil der sogenannten Feudalklasse selbst und keineswegs nur Einzelgänger als Träger der antifeudalen bürgerlichen Revolution in ihrer ersten, antirömischen Phase auftritt. Diese Probleme werden in der marxistischen Forschung durchaus gesehen und diskutiert, allerdings wird ihnen nur ein relatives Gewicht beigemessen. Für die nichtmarxistische Forschung aber ergibt sich daraus und darüber hinaus noch ein weiteres, nun ganz generelles Problem, eine grundsätzliche Frage an die ganze Richtung der marxistischen Forschung. 6. Eine konkrete Zuordnung nämlich zwischen dem sozialen Status und der Stellung zur Reformation und zu ihren Hauptströmungen: Luthertum, Zwinglianismus und Täufertum, wie sie die Marxisten versuchen, ist überhaupt außerordentlich problematisch und bisher trotz eindringender, und im einzelnen durchaus fruchtbarer neuer Forschungen der marxistischen Wissenschaft, nicht recht gelungen. Mit allgemeinen Sätzen über das Volk, die Massen, das mittlere oder kleine Bürgertum ist hier natürlich nichts getan, und der Versuch, Schwierigkeiten der sozialen Zuordnung mit dem Begriff der Ausnahme zu umgehen — weil schon die frühen Täufer sozialen Unterschichten zugehören sollen, müssen die patrizisch-humanistischen Täuferväter Ausnahmen sein —, kann nicht befriedigen. Insbesondere müßte geklärt werden, welche sozialen Voraussetzungen dafür bestehen, daß ein Teil des deutschen Volkes, ein Teil z. B. der Reichsstädte, katholisch geblieben ist, gerade wenn man darin *nicht* zufällige Machtverhältnisse sehen will. Die marxistische Wissenschaft könnte hier von einer Rückwirkung des Überbaus, der altkirchlichen Ideologie auf die Basis sprechen, denn grundsätzlich wird sehr entschieden betont, daß der historische Materialismus keineswegs zu einem trivialen Ökonomismus verengt werden dürfe und daß also Ideologien und andere Faktoren des Überbaus durchaus ein (freilich relatives) Eigenleben mit Rückwirkungen auf die soziale Basis haben können. Konkret wird dieser Grundsatz aber nur selten angewendet. In bezug auf die kirchliche Reformation wird doch immer noch und wieder vom Bürgertum, was immer das sein mag, als dem Träger der Reformation gesprochen.

Wie aber begegnet die marxistische Theorie den von ihr selbst gesehenen Schwierigkeiten in der sozialen Verortung der frühbürgerlichen Revolution? In der Sowjetunion hat es darüber in den späten 50er Jahren eine längere Debatte gegeben, in der von einer Seite (Čajkovskaja) sogar der bürgerliche Charakter der Reformation überhaupt bestritten wurde[10]. Im Ergebnis ist aber im Anschluß an Engels die These von der „bürgerlichen Revolution ohne Bourgeoisie" (Epštejn) herausgearbeitet worden, und auch in der deutschen marxistischen Forschung wird die Annahme zugrundegelegt, die Reformation sei eine bürgerlich revolutionäre Bewegung ohne revolutionäres Bürgertum[11].

Um diese einigermaßen paradoxe Annahme verständlich zu machen, müssen zwei grundsätzliche Theoreme der marxistischen Geschichtswissenschaft herangezogen werden. Zum einen: um das Wesen einer historischen Erscheinung zu verstehen, darf man nicht einfach von dem Bewußtsein, den Ansichten, den individuellen Motiven, dem Selbstverständnis der Handelnden ausgehen: das sind sogenannte *subjektive* Faktoren, die nur eine relative Relevanz besitzen. Wesen und Bedeutung einer Erscheinung werden durch das bestimmt, was *objektiv* geschieht. Die subjektiv antibürgerlichen Bauern und die subjektiv antikapitalistischen Bürger und die subjektiv antirevolutionären Kapitalisten und die subjektiv allein dogmenkritischen Theologen wirken doch *objektiv* alle im Sinne der bürgerlichen Revolution. Diese Unterscheidung von subjektiv und objektiv, die sich im einzelnen bis zur Feststellung eines „Paradoxon der Geschichte" steigern kann[12], ist für die marxistische Theorie fundamental. Was heißt nun objektiv? Was ein historischer Vorgang objektiv ist, läßt sich, wie gesagt, nicht primär aus den Motiven und Intentionen der Handelnden ermitteln, sondern aus seiner Wirkung. Dafür gibt es in der nichtmarxistischen Wissenschaft durchaus Parallelen. Die Betrachtung historisch-gesellschaftlicher Phänomene, wie sie in der Soziologie weitgehend üblich ist, orientiert sich an der Funktion (oder Leistung), und das heißt auch: an der Wirkung eines Phänomens in einem Gesamtzusammenhang, unabhängig von den Intentionen und dem Auslegungshorizont der Beteiligten. Denken Sie z. B. an Max Webers Thesen von den Auswirkungen des Calvinismus auf die kapitalistische Wirtschaftsgesinnung und -gebarung. Die Historiker klassischer Tradition bekämpfen zwar diese Betrachtungsweise, aber ganz ohne sie ist bisher niemand ausgekommen. Die Verfechter der hier beschriebenen funktionalen Interpretation gehen freilich weiter, indem sie sie zur allein maßgeblichen erklären und indem sie aus der Funktion und der Wirkung eines historischen Komplexes auf so etwas wie seine eigentliche Ursache schließen zu können meinen. Auch die marxistische Wissenschaft schließt aus Wirkung und Funktion auf Ursachen, aber mit ihrem Begriff des Objektiven geht sie *noch* weiter. Ihr geht es nämlich nicht um die faktischen Wirkungen; die unmittelbare Wirkung der Reformation ist bekanntlich nicht der Aufstieg des Bürgertums, sondern die Etablierung des mehr oder minder absolutistischen fürstlichen Territorialstaates auf einer ökonomisch und sozial feudalen Basis gewesen. Der marxistischen Wissenschaft geht es um die *mögliche* und eigentlich notwendige Wirkung, und diese Wirkung ist identisch mit der Verwirklichung der früher beschriebenen Aufgaben. Diese Aufgaben sind tendenziell in einer Situation, in einem Ursachengefüge angelegt, und sie entsprechen der jeder Situation immanenten Richtung auf den weltgeschichtlichen Fortschritt. Von daher ist objektiv das, was einen historischen Prozeß eigentlich — von Ursache und Ziel her — weltgeschichtlich charakterisiert. Freilich darf man diesen Ansatz eines „objektiv" geschehenden weltgeschichtlichen Prozesses nicht zu abstrakt nehmen; etwas objektiv Notwendiges kann nur durch vielfältige konkrete Analysen zeitlich und räumlich fixiert werden; daher kommt es, daß so viele Probleme der Geschichtswissenschaft im Bereich des Marxismus als Periodisierungsprobleme auftreten. Erst eine Analyse der Krise von 1500, eine Analyse der zentralen Bedeutung der römischen Kirche für das Feudalsystem und eine Analyse des Zusammenhangs von Reformation und Bauernkrieg machen verständlich, warum die weltgeschichtlich irgendwann fällige bürgerliche Revolution am Beginn des 16. Jahrhunderts in Deutschland und eben in der Gestalt der Reformation ausbrach. Und darum können auch vereinzelt marxistische Autoren den bürgerlichen Charakter der Reformation bestreiten und sie den spätmittelalterlichen Bewegungen zurechnen. — Für den Betrieb der Wissenschaft ergibt sich aus der Unterscheidung von objektiv und subjektiv aber noch ein Weiteres: Indem nämlich die Frage der objektiven Bedeutung der Reformation einer zwar phänomengebundenen, aber vorwiegend geschichtstheoretischen Reflexion anvertraut ist, kann die Erforschung der sozialen Bedingtheit aller historischen Wirklichkeit — das Grundthema der marxistischen Geschichtswissenschaft — sich in voller Freiheit auch den subjektiven Faktoren, der Einstellung und dem Verhalten von Klassen und Gruppen z. B. zuwenden; hier ist — jenseits der Frage nach der objektiven Bedeutung — eine Diskussion zwischen Marxisten und Nichtmarxisten durchaus möglich und ertragreich.

Die Unterscheidung von subjektiven und objektiven Faktoren, Anschein und Wirklichkeit, also ermöglicht die Annahme von der bürgerlichen Revolution ohne Bürgertum; „objektiv" ist die Revolution bürgerlich, wenn auch subjektiv die an ihr Beteiligten nicht „bürgerlich" dachten und handelten. Daß freilich diese Annahme die marxistische Forschung nicht ganz befriedigt, zeigt sich daran, daß man eine entsprechende Formel meidet und immer wieder *auch* von der Revolution des *Bürgertums* spricht oder den bürgerlichen Charakter der Reformation und der lutherischen Theologie nachzuweisen sucht; dabei werden die Ausdrücke Bürgertum und bürgerlich häufig äquivok für den Idealtyp kapitalistisches Bürgertum (Bourgeoisie) und die Realität spätmittelalterliche Stadtbürger (vorkapitalistisches Bürgertum) gebraucht und damit die Paradoxie der Annahme verdeckt. Aber angesichts der Schwierigkeiten, einen sozialen Träger der Revolution zu bestimmen, argumentiert man doch im Sinne der These: bürgerliche Revolution ohne Bürgertum.

Diese Annahme wird nun 2. dadurch gestützt, daß man im Anschluß an Lenins Theorie über die Rolle der Bauern in der russischen Revolution das Verhältnis der bäuerlichen und plebejischen Massen zur bürgerlichen Revolution näher zu bestimmen sucht. Die Kräfte des frühkapitalistischen Produktionsprozesses konnten nur die Krisen des feudalen Systems hervorrufen, aber sie waren zu schwach, um eine Revolutionierung der feudalen Verhältnisse durchzusetzen. Es mußte aber, wenn diese notwendige Revolutionierung wirklich werden sollte, eine Verbindung statthaben zwischen den progressiven Kräften, dem Bürgertum, und den Bauern, die ökonomisch innerhalb des Feudalsystems standen, aber unterdrückt und darum revolutionsbereit waren. Und auch die Bauern bedurften, um im Kampf gegen den Feudalismus Erfolg zu haben, der Verbindung mit dem Bürgertum. Die Koalition von Bürgern und Bauern war wiederum eine historische Notwendigkeit. Wirklich wurde sie in zweifacher Hinsicht. Einmal: die Bauern erfüllten durch ihren antifeudalen Kampf objektiv die Aufgabe der Zeit, die Zurückdrängung des Feudalismus und die Durchsetzung der kapitalistischen Produktionsweise, obwohl sie subjektiv etwas anderes wollten. Wäre der Krieg für die Bauern siegreich ausgegangen und wäre also die Feudalherrschaft beseitigt oder doch stark zurückgedrängt worden, so wären nicht die Bauern, sondern — im Sinne der weltgeschichtlichen Notwendigkeit — die Bürger der eigentliche Sieger gewesen. Darum sind die Bauern objektiv progressive Kräfte, sie kämpfen objektiv für die bürgerliche Revolution, ja die marxistische Wissenschaft neigt dazu, auch ihre subjektiven mittelalterlich-genossenschaftlichen und restaurativen Tendenzen als progressiv zu interpretieren. Zum andern gab es auch die *faktische* Koalition zwischen Bürgertum und Bauern. Freilich, was dabei unter Bürgertum verstanden wird, sind nicht die frühkapitalistischen, sondern die handwerklich-kleinbürgerlichen und plebejischen Schichten, die zwar einerseits antifeudal waren, aber andererseits doch noch an feudale Vorstellungen gebunden blieben und jedenfalls keineswegs als frühkapitalistisch gelten können. Trotzdem wird ihnen aber eine progressive Funktion zugesprochen, sie waren die führende Kraft im antifeudalen Kampf, und sie lieferten die Bauern und Bürger einigende Ideologie. Die Gestalt, die die Tendenz der frühbürgerlichen Revolution und die Tendenz des Bauernkriegs am konsequentesten progressiv verwirklicht, der Nicht-Bauer Thomas Müntzer, ist gerade dadurch ausgezeichnet, daß er das Bündnis von Bauern und Plebejern repräsentiert, und damit sucht man zu beweisen, daß die Bauernrevolution nicht nur nach ihren objektiven Aufgaben und Möglichkeiten, sondern auch nach ihrem faktischen Verlauf ein Stück bürgerliche Revolution ist. Daß die Ziele der Müntzerschen Revolution über die objektiven Ziele und Möglichkeiten der bürgerlichen Revolution hinausgingen, wird als utopische Antizipation eines jetzt nicht realisierbaren Zustandes aufgefaßt, die notwendig war, um überhaupt das Erreichbare zu realisieren. Die Teilnahme der Bauern an der Revolution widerspricht darum dem bürgerlichen Charakter der Revolution nicht, wie man meinen möchte, sondern bestätigt die These von der Reformation als bürgerlicher Revolution.

Ich muß darauf verzichten, die marxistische Theorie über den Fortgang der Reformation hier im einzelnen darzulegen. Nach 1521 differenziert sich die ursprünglich einheitliche nationale antirömische Bewegung im Kampf um ihre „objektiven Konsequenzen" (S. 106), d. h. um ihre Überführung in die offene soziale Revolution gegen das Feudalsystem. Luther und die Oberschicht des städtischen Bürgertums „verraten" (S. 110) seit der Unterdrückung der Wittenberger Unruhen die objektiven Klasseninteressen des Bürgertums und stellen sich auf die Seite der Fürsten, die Volksreformation Luthers bleibt stecken und degeneriert zur „Fürstenreformation", zur Sache einer bestimmten Fürstenpartei[13]. Im Zwinglianismus finden die progressiven Kräfte des Bürgertums ihren Ausdruck und ihren Ort, hier tritt der objektiv bürgerliche Charakter der Reformation auch wirklich in den Vordergrund. Schließlich beginnen die bäuerlichen und plebejischen Massen sich als Kraft zu fühlen, Thomas Müntzer wird ihr Theologe und Führer, seine antilutherische und revolutionär egalitäre Theologie wird als gesellschaftliche Konsequenz der Reformation, als adäquater Ausdruck der Interessen der Massen interpretiert. Der Bauernkrieg ist, wie gesagt, die konsequente Fortführung der zunächst antirömischen bürgerlichen Revolution zum Angriff auf das gesamte Feudalsystem; nach seinem Scheitern gewinnen die Fürsten immer mehr Einfluß, die Reformation wird konservativ, so daß sie ihre antifeudale und frühbürgerlich revolutionäre Tendenz schließlich ganz verliert. Die Bewegung der Täufer mit ihrer Tendenz zur Umgestaltung der Gesellschaft dann ist ein letztes Aufflammen, eine „Resignations- und Trotzgestalt" der frühbürgerlichen Revolution[14], die von den unterdrückten Massen getragen wird, 1535/36 ist auch diese Endphase der Reformation als wirklicher Revolution vorbei. Damit muß ich meine Darstellung der marxistischen Reformationstheorie beschließen: die zentrale These von der Reformation als frühbürgerlicher Revolution findet die marxistische Wissenschaft auch im Fortgang der Reformation bestätigt; für unsern Zweck, Sinn, Begründung und Problematik jener zentralen These zu verstehen, können diese Andeutungen genügen; auch die Gründe für das Scheitern der frühbürgerlichen Revolution, für das Versagen des Bürgertums vor den Aufgaben der Zeit, können und brauchen wir hier nicht mehr explizit zu erörtern.

Ich muß darauf verzichten, den Stellenwert und die Bedeutung der Theorie und Darstellung der Reformation, eines progressiven, religiös bestimmten Zeitalters für die marxistische Geschichtswissenschaft und das marxistische System insgesamt darzulegen und etwa die Rolle zu betonen, die die nationale Interpretation der Reformation, die mit der sozialistisch-fortschrittlichen Interpretation identisch ist, für das Geschichtsbild der deutschen Kommunisten und für die Etablierung einer nationalen und humanistischen Tradition hat, in die auch der junge Luther hineingehört — oder näher auszuführen, wie die emotionale Sympathie mit den Unterdrückten und den „Massen" und die intellektuelle Einsicht in die fortschrittliche Bedeutung des Kapitalismus mit Hilfe der Konstruktion der objektiven Aufgaben zur Deckung kommt.

Ich möchte vielmehr zum Schluß ein paar Kategorien herausstellen, die in der vorgetragenen Analyse eine Rolle spielen und die für die grundsätzliche Position der marxistischen Geschichtswissenschaft und für jede Debatte zwischen Nichtmarxisten und Marxisten von fundamentaler Bedeutung sind. Ich möchte diese Erörterung nicht in der Art einer überlebten Kontroverstheologie führen, d. h. mit der Absicht der Widerlegung, sondern ich möchte versuchen, diese Kategorien zur Diskussion zu stellen, indem ich jeweils die aus der europäischen Denktradition entspringende Legitimität des marxistischen Ansatzes zu zeigen suche, die damit entstehenden Probleme berühre, und dann allerdings die dogmatischen Verabsolutierungen und Verengungen der marxistischen und kommunistischen Wissenschaft kritisch erwäge. Ich wähle notgedrungen einige wenige Kategorien aus der Vielzahl der wichtigen aus, z. B. gehe ich nicht auf den merkwürdigen Revolutionsbegriff und sein Verhältnis zu den Modellen ‚1789' und ‚industrielle Revolution' ein oder auf die häufig erörterte Frage nach der Rolle der Persönlichkeit und der Massen in der Geschichte, und ich bitte um Nachsicht, weil ich die hier anfallenden Probleme nur gerade noch anschneiden, nicht aber in extenso mehr durchanalysieren kann und weil ich den historischen Ursprung dieser Kategorien in der radikalen Aufklärung des 19. Jahrhunderts *nicht* weiter beleuchten kann.

Ich nenne zuerst die Kategorie der Rationalität. Rationalität wird in unserm Modellfall durchweg der Geschichte zugeschrieben. Es gibt bei den wesentlichen historischen Prozessen keinen Zufall, keine Kontingenz, keine pure, brutale Faktizität, die wir nur als vorhanden konstatieren, nicht aber aus Ursachen und Bedingungen vollständig herleiten könnten, es gibt — mit Hegel gesagt — keine Unmittelbarkeit, die nicht vermittelt, und zwar gesellschaftlich vermittelt wäre. Weil die ontologische Struktur des Geschichtsprozesses rational ist, kann und muß die Geschichtswissenschaft zeigen, daß der Gang der Geschichte rational verstehbar ist, und das heißt in der marxistischen Auffassung der Rationalität, daß er aus Gründen und Ursachen verstehbar ist, daß er nachweisbaren Notwendigkeiten gehorcht. Wer dem widerspricht, gilt als Irrationalist, der das Prinzip der rationalen Er-

26

kenntnis aufgegeben hat. Damit wird sowohl die ältere historische Metaphysik der Individualität verworfen wie eine positivistische bloße Deskription, die den Zusammenhang der Fakten und Phänomene nicht mehr einsichtig machen kann, also jede Historie, die aus Respekt vor der durch den Historismus heilig gesprochenen Anschauung nicht mehr auf Begriffe kommt und die großen geschichtlichen Phänomene (wie z. B. die Reformation) im eminenten Sinn unbegriffen läßt. Nun ist bei den Nichtmarxisten, zumal in Deutschland, mit den Kategorien des Irrationalen oder der Kontingenz oder der unableitbaren Individualität sicherlich viel Unfug getrieben worden, und der polemische Sinn, den entsprechende Vorstellungen zur Zeit der Begründung des Historismus gegenüber den Geschichtskonstruktionen der Aufklärung und des Idealismus hatten, ist vergessen und ins Metaphysische hypostasiert worden. Faktisch haben aber auch die nichtmarxistischen Historiker, sofern sie nicht im Positivismus verbleiben, die Tendenz, Ereignisse, Phänomene und Prozesse möglichst vollständig aus dem Geflecht der Bedingungen und Ursachen (selbst wenn sie das Wort scheuen) verstehbar zu machen; das ist die regulative Idee alles historischen Arbeitens. Aber dieser regulativen Idee steht korrektiv und begrenzend gegenüber die Kategorie der kontingenten Faktizität: so und so ist es gewesen, aber es ist nicht vollständig zu verstehen, warum es so und so sein mußte, mag diese Kontingenz in der individuellen Freiheit, in der notwendig unvollständigen Erkenntnis oder in der Art des Geschichtsprozesses selbst begründet sein. Luther ist für keinen mir bekannten nichtmarxistischen Historiker eine historische Notwendigkeit, sondern ein Faktum, so sehr wir ihn aus seiner Zeit verstehbar zu machen suchen. Dieses Dilemma zwischen dem Ziel der rationalen Erkenntnis und ihrer grundsätzlichen Begrenzung kennt die marxistische Wissenschaft nicht, für sie ist die Geschichte an ihr selbst rational und darum von einsehbarer Notwendigkeit. Alle marxistischen Aussagen über den Zusammenhang der historischen Phänomene — Reformation und Bürgertum, Reformation und Bauernkrieg — gründen in dieser allgemeinen Voraussetzung. Die nichtmarxistische Geschichtswissenschaft muß darin ein unkritisches Verfahren sehen, aber sie bleibt angesichts dieses Verfahrens aufgefordert, in der Unendlichkeit der Phänomene, in der sie sich so oft zu verlieren droht, das regulative Postulat der Rationalität, der begriffenen Geschichte nicht aus dem Auge zu verlieren.

Zweitens weise ich hin auf eine Kategorie, die ich einmal vorläufig als Eindimensionalität der Geschichte bezeichnen möchte.

Und zwar bestimmt sie in mehrfacher Hinsicht die marxistische Auffassung der Geschichte. a) Grundsätzlich hält die marxistische Wissenschaft an der substantiellen Einheit eines *Zeitalters* fest, die Krisen von 1500 wurden als *eine* Krise aufgefaßt; der Bauernkrieg kann nicht als etwas prinzipiell anderes von der Reformation isoliert werden; der Feststellung, daß in den Einzelbereichen des geschichtlichen Lebens Prozesse unabhängig voneinander und mit sehr verschiedener Geschwindigkeit ablaufen (cultural lag), wird höchstens eine relative Bedeutung zuerkannt. Ein Zeitalter ist mehr als ein chronologischer Begriff. Für die nichtmarxistische Wissenschaft ist dieser substantielle Begriff des Zeitalters wiederum nur eine regulative Idee, ein Forschungsideal, dem die korrektive Einsicht in die Selbständigkeit der Einzelbereiche gegenübersteht.

b) Die Struktur des Geschichts*prozesses* ist für die marxistische Wissenschaft letztlich eindimensional. Die Krise hat eine und nur eine Grundursache. Die nichtmarxistische Wissenschaft geht von der Hypothese eines Faktorenpluralismus aus, sie zieht, um ein Phänomen zu begreifen, mehrere autonome Faktoren — z. B. soziale, religiöse, politische, psychische Faktoren — heran und versucht, das komplexe Verhältnis solcher Faktoren zu beschreiben, ihre Unabhängigkeit voneinander oder (und richtiger) ihre Abhängigkeit voneinander, wobei sie implizit oder explizit mit der Kategorie der Interdependenz arbeitet. Nach marxistischer Ansicht führt ein solcher grundsätzlicher Faktorenpluralismus zu Widersprüchen und macht die Phänomene zuletzt irrational. An seine Stelle tritt — paradox gesagt — ein Faktorenmonismus, denn die Faktoren des sogenannten Überbaus haben zwar Selbständigkeit — darin liegt ein Teil der Dialektik des historischen Materialismus —, aber immer nur relative Selbständigkeit[15]. Das hängt philosophisch damit zusammen, daß die marxistische Geschichtswissenschaft trotz Hegel und Marx noch ganz im Banne der Kategorien von Substanz und Kausalität steht und den Kategorien Relation und Interdependenz nur sekundäre Bedeutung zuspricht. Diesem Faktorenmonismus oder dieser „in letzter Instanz" monokausalen Betrachtung entspricht bekanntlich das inhaltliche Grundprinzip des historischen Materialismus, die Annahme, daß die Veränderung der Produktivkräfte und die daraus folgende Veränderung der Produktionsverhältnisse das eigentlich Bewegende in der Geschichte sind. Man kann und muß nicht nur das Wesen der Reformation auf den Begriff, und zwar auf *einen* Begriff bringen, sondern dieser Begriff muß ein sozialökonomischer Begriff sein. Dahinter steht die von Hegel eröffnete und von

28

Marx vollendete unverlierbare Einsicht, daß kein Phänomen der menschlichen Welt außerhalb seiner gesellschaftlichen Bedingtheit wirklich ist und begriffen werden kann, eine Einsicht, die in der Praxis der nichtmarxistischen Wissenschaft noch keineswegs überall zur Geltung kommt, eine Einsicht, aus der sich für die marxistische Wissenschaft ein umfassendes Forschungsprogramm ergibt. Hier gründet die Legitimität des marxistischen Ansatzes. Freilich, die marxistisch-kommunistische Wissenschaft versteht diese gesellschaftliche Bedingtheit aller geschichtlichen Wirklichkeit monokausal. Während z. B. die neomarxistisch und linkshegelianisch orientierten Wissenschaftler im Westen vornehmlich auf die gesellschaftliche Totalität der geschichtlichen Existenz des Menschen abzielen, wird im kommunistischen Herrschaftsbereich diese Totalität durch ein Überschichtungs- und Fundierungsverhältnis nach dem Schema von Basis und Überbau beschrieben, und bei aller Kritik an einem vulgären Ökonomismus wird die Basis ökonomisch-technisch bestimmt. An die Stelle der Korrelation zwischen politischen und religiösen Phänomenen einerseits, sozialen Phänomenen andererseits tritt „in letzter Instanz" die Reduktion aller komplexen Phänomene auf sozial-ökonomische Wirklichkeit[16]. Die gesellschaftliche Totalität ist eindimensional, Ideologiekritik bleibt die vorherrschende Methode: darin gründet dann die — gerade in unserem Modell so auffallende — Dichotomie von subjektiven und objektiven Momenten, von Schein und Wesen. In der marxistischen Forschung spielt die hier angesprochene Eindimensionalität keine so hervorragende Rolle wie in der Theorie und der Darstellung: in der Forschung hat die relative Eigenständigkeit der Faktoren des Überbaus ein besonders großes Gewicht, und da das Maß der Relativität nicht endgültig abzugrenzen ist, entsteht hier ein freier Raum undogmatischer Untersuchung und Diskussion. Die Stellung einer modernen nichtmarxistischen Historie zu diesem Punkt ist dadurch charakterisiert, daß sie die durchgängige gesellschaftliche Bedingtheit aller geschichtlichen Wirklichkeit anerkennt (wobei freilich das ‚Gesellschaftliche' wie die ‚Bedingtheit' selbst geschichtlich wandelbar sind), daß sie aber diese Bedingtheit nicht notwendig als Kausalität, sondern auch als Korrelation auffaßt und daß sie den Faktorenmonismus als unbeweisbaren methodischen Grundsatz ablehnt, der vorhandene Probleme nicht zu lösen geeignet ist und zusätzliche neue Probleme (wie das der bürgerlichen Revolution ohne Bürgertum) schafft.

c) Schließlich gibt es eine Eindimensionalität in der Struktur einer historischen *Situation*, und zwar so, daß eine Polarisierung zwischen eindeutigen Gegensätzen vorgenommen wird. Zwar kann es mehrere sich überlagernde Gegensätze geben, aber *zuletzt* reduzieren sich auch die hochkomplexen Verhältnisse auf einen einfachen Gegensatz, den Gegensatz zwischen Fortschritt und Reaktion, in unserm Fall zwischen profeudalen und antifeudalen Kräften. Und dieser Gegensatz wird nach Art einer Freund-Feind-Theorie verabsolutiert, so daß eine Zurechnung jeder historischen Kraft in einem gegebenen Moment zur einen oder anderen Gruppe letztlich immer möglich ist, wenn man nur den Gesichtspunkt der objektiven Wirkung genügend berücksichtigt. Für solche Reduktion komplizierter Verhältnisse auf einen polaren Gegensatz gibt es in der nichtmarxistischen Geschichtswissenschaft kaum Parallelen.

3. Endlich nenne ich als Kategorie der marxistischen Geschichtswissenschaft die Finalität. Die Theorie der Aufgaben, die Theorie von Fortschritt und Notwendigkeit in der Weltgeschichte ist an einem Endergebnis orientiert und sucht dieses teleologisch als Tendenz oder Postulat in den Ursachen zu lokalisieren[17]. Der Interpretation der Phänomene liegt durchweg eine Beurteilung vom Ende her zugrunde: daß die Situation von 1500 Luthers Auftreten notwendig machte, kann nur nachgewiesen werden, weil Luther eben tatsächlich aufgetreten ist; daß die Reformation als bürgerliche Revolution (wenn auch ohne Bürgertum) begriffen wird, ist nur möglich, weil die Neuzeit weltgeschichtlich durch den Aufstieg des Bürgertums charakterisiert werden kann[18]. Diese finale Betrachtungsweise scheint, von der Tradition des Historismus wie vom Positivismus her, eine bloß dogmatische Hypothese zu sein. Aber ich glaube, daß hier ein Problem vorliegt, das keine geschichtswissenschaftliche Reflexion auf der Höhe dieser Zeit außer acht lassen kann. Denn was hier geschieht, ist doch dieses, daß die Zukunft als Kategorie der Historie, der begreifenden Wissenschaft und der begriffenen Geschichte, eingeführt wird und daß die in der klassischen Historie verfemte Kategorie der Möglichkeit ernst genommen wird. Die marxistische These von den gesellschaftlichen Ursachen der Reformation und die Interpretation der Reformation von ihren gesellschaftlichen Möglichkeiten und der gesellschaftlichen Zukunft her stehen in notwendiger Korrespondenz. In diesem Bezug zur Zukunft gründet dann die faktische und die postulierte Parteilichkeit der marxistischen Wissenschaft, aber davon wird in dieser Vorlesungsreihe schon genügend die Rede gewesen sein. — Zukunft und Möglichkeit nun können auch für eine moderne nichtmarxistische Geschichtswissenschaft relevante Kategorien sein, ja sie müssen

es meiner Meinung nach in sehr viel stärkerem Maße werden. Nur die Reflexion auf die Möglichkeit in einer geschichtlichen Situation macht diese eigentlich verstehbar, nur die Reflexion auf Funktion und Wirkung eines geschichtlichen Phänomens in der Zukunft läßt seine Bedeutung und seinen weltgeschichtlichen Ort begreifen. Freilich bleiben zwei prinzipielle Unterschiede zur marxistischen Anwendung der Kategorie Möglichkeit. Zum einen: Für eine nicht marxistisch vorweg festgelegte Wissenschaft kann in einer Situation immer nur von mehreren Möglichkeiten die Rede sein, und es kann nicht allein diejenige zu einer Interpretation herangezogen werden, die dem weltgeschichtlichen Fortschritt, was immer darunter zu verstehen sein mag, und der sogenannten Notwendigkeit des Geschichtsprozesses entspricht. Zum andern müssen das objektiv Mögliche und das subjektiv Mögliche, Funktion und Auslegung, in einem strengen Zusammenhang gesehen werden, nur dann kann ein kritischer Gebrauch der Kategorie Möglichkeit überhaupt in Betracht kommen. Der marxistische Vorrang der sogenannten objektiven Möglichkeit führt zur finalistischen Konstruktion der objektiven Aufgaben und der Gleichsetzung des Möglichen mit dem Notwendigen, dem weltgeschichtlich Notwendigen.

Ich breche die Erörterung hier ab. Aus den drei diskutierten Kategorien — Rationalität, Eindimensionalität und Finalität — entspringt die fraglose Geschlossenheit der marxistischen Geschichtsdarstellungen, die eindeutige und sichere weltgeschichtliche Verortung und Bewertung jedes Phänomens, die „Einschätzung", wie die deutschen Marxisten in ihrer merkwürdigen Terminologie sagen — und damit unterscheidet sich solche Darstellung wesentlich von der komplexen, unendlich differenzierenden, relativierenden und problematisierenden nichtmarxistischen Geschichtswissenschaft, die ihre Schüler bei so vielen geschichtlichen Fragen höherer Ordnung ohne eindeutige und positive Antworten läßt und — das ist entscheidend — lassen muß, ja die vorliegenden Antworten immer wieder kritisch in Frage stellt.

Ich halte die marxistische Hauptthese über die Reformation nicht für richtig: die Reduktion der Reformation auf eine soziale Revolution ist nicht befriedigend gelungen, sie erklärt die Phänomene weniger gut als pluralistische Faktorentheorien; die Annahme einer bürgerlichen Revolution ohne Bürgertum ist nicht zu verifizieren und sie schafft, anstatt Probleme zu lösen, neue Probleme. Das liegt an den scholastischen Axiomen und Konsequenzen der marxistischen Geschichtswissenschaft. Im Ansatz, in der Fragestellung und auch im Ansatz der Geschichtstheorie halte ich die marxistische Geschichtswissenschaft für fruchtbar, für fruchtbarer jedenfalls, als man angesichts der scholastischen Konstruktionen denken möchte, und hier liegen wohl noch Chancen für eine Weiterentwicklung der marxistischen Wissenschaft selbst. Die Frage ist, ob der Marxismus als System oder der Marxismus als Methode dominieren wird. Für die nichtmarxistische Wissenschaft ist, das hoffe ich gezeigt zu haben, die Konfrontation und die Koexistenz mit der marxistischen Wissenschaft Anlaß zu immer erneuter kritischer Selbstreflexion und Anstoß auf dem notwendigen, wenn auch nie zu vollendenden Wege zu einer integralen Erkenntnis der Geschichte, zu einer begriffenen Geschichte.

Anmerkungen

[1] Für die Historiographie der Sowjetunion vor allem: *M. M. Smirin,* Die Volksreformation des Th. Müntzer und der große Bauernkrieg, Berlin (Ost) [2]1956. — *Ders.,* Deutschland vor der Reformation, Berlin (Ost) 1955. Weitere Literatur ist in dem Artikel „Bauernkrieg", siehe unten S. 85 ff. — Für die marxistische Geschichtswissenschaft in Deutschland jetzt maßgebend: *M. Steinmetz* (Hrsg.), Deutschland von 1476 bis 1648, Berlin (Ost) 1965 (Lehrbuch der deutschen Geschichte 3), aus diesem Werk sind, wo nicht anders angegeben, die mit Seitenzahlen versehenen Zitate im Text entnommen. — *M. Bensing,* Thomas Müntzer und der Thüringer Aufstand 1525, Berlin (Ost) 1966. — *G. Brendler,* Das Täuferreich zu Münster 1534/35. Berlin (Ost) 1966 (in allen drei Werken weitere neueste Literaturangaben). — *M. Bensing* u. *S. Hoyer,* Der deutsche Bauernkrieg 1524—1526, Berlin (Ost) 1965 (mit mehr popularisierender Absicht). — *J. Schildhauer,* Soziale, politische und religiöse Auseinandersetzungen in den Hansestädten Stralsund, Rostock und Wismar im ersten Drittel des 16. Jahrhunderts, Weimar 1959. — Theologisch vor allem: *Rosemarie Müller-Streisand,* Luthers Weg von der Reformation zur Restauration. Die kirchenkritische Theologie des jungen Luther und die Grundlagen ihrer Wandlung, Halle 1964. — Zur Problematik: Die frühbürgerliche Revolution in Deutschland. Tagung der Sektion Mediävistik der Deutschen Historikergesellschaft vom 21.—23. 1. 1960 in Wernigerode, hrsg. von *E. Werner* und *M. Steinmetz,* Bd. 2, Berlin (Ost) 1961 (bes. die Beiträge von *Steinmetz, Müller-Mertens, Mittenzwei*). — *M. Steinmetz,* Zu einigen Problemen der frühbürgerlichen Revolution in Deutschland, in: Lehre, Forschung, Praxis. Die Karl-Marx-Universität Leipzig. Zum 10. Jahrestag ihrer Namensgebung am 5. Mai 1963, Leipzig 1963, S. 222 ff. — Kritisch, vom marxistischen Standpunkt: *B. Töpfer,* Fragen der hussitischen revolutionären Bewegung, ZfG 11, 1963, S. 146 f. und — antikritisch — *G. Zschäbitz,* Über den Charakter und die historischen Aufgaben von Reformation und

Bauernkrieg, ebd. 12, 1964, S. 277 ff. — Zur älteren marxistischen Literatur, zu den nichtmarxistischen Forschungstendenzen und -ergebnissen und zur Sachdiskussion vgl. den Artikel „Bauernkrieg", unten S. 85 ff. — Von jüngsten nichtmarxistischen Veröffentlichungen ist noch zu nennen: *B. Moeller*, Probleme der Reformationsgeschichtsforschung, Zeitschrift für Kirchengeschichte III/IV, 1965. — Auf die neuere tschechische Literatur über die hussitische Revolution, der gelegentlich das Prädikat der ersten frühbürgerlichen Revolution zugesprochen wird *(Kalivoda)*, kann ich hier nicht eingehen.

[2] *Z. B. M. Steinmetz* (siehe Anm. 1), S. 32.

[3] *R. Stadelmann*, Vom Geist des ausgehenden Mittelalters, Halle 1929. — *W. E. Peuckert*, Die große Wende. Das apokalyptische Saeculum und Luther, Hamburg 1948, Neue Ausgabe 1967.

[4] *Erik H. Erikson*, Young Man Luther. A Study in Psychoanalysis and History, New York 1958; deutsch: Der junge Mann Luther, München 1964.

[5] Kritik daran bei *B. Töpfer* (siehe Anm. 1): die nationale Frage werde überbetont; sie geltend zu machen, sei keineswegs schon bürgerlich.

[6] *Engels*, auf den die These von der „bürgerlichen Revolution" zurückgeht, war stark vom liberal-radikalen Geschichts- und Reformationsbild der Mitte des 19. Jahrhunderts abhängig; durch ihn wirkt dieses Geschichtsbild bis in die Gegenwart fort.

[7] *F. Engels*, Einleitung zur englischen Ausgabe von „Die Entwicklung des Sozialismus von der Utopie zur Wissenschaft"; MEW 22, 1963, S. 299.

[8] *D. Lösche* und *I. Mittenzwei* kritisieren in ihrer Rezension des Lehrbuchs (siehe Anm. 1), ZfG XIV, 1966, S. 659 ff. vorsichtig die Konstruktion, den Kampf gegen das Papsttum aus der nationalen „Aufgabe" und der nationalen Lage, der Zersplitterung, zu erklären: das träfe auf die nichtdeutschen Länder nicht zu.

[9] Die frühbürgerliche Revolution in Deutschland (siehe Anm. 1), S. 12.

[10] Vgl. meinen Artikel „Bauernkrieg" unten S. 85 ff.

[11] Einwände bei *B. Töpfer* (siehe Anm. 1): alle für die Revolution in Anspruch genommenen Forderungen gebe es schon früher; das Bürgerliche sei *so* keimhaft, daß es nicht spezifisch sei; es fehle das Streben des Bürgertums nach Machtbeteiligung; Marx habe den Bauernkrieg nicht in die Tradition der bürgerlichen Revolution gestellt. Dagegen *G. Zschäbitz* (siehe Anm. 1). Vgl. auch *I. Mittenzwei* (siehe Anm. 1), S. 104, das Fehlen einer Bourgeoisie schließe eine bürgerliche Revolution nicht aus.

[12] *Brendler* (siehe Anm. 1), S. 120.

[13] Die ältere These von *Smirin*, der Luther eine Fürstenreformation, Müntzer eine Volksreformation zuschrieb und damit die frühbürgerliche Revolution eigentlich auf den Bauernkrieg beschränkte, ist inzwischen in dieser Weise revidiert worden.

[14] *Brendler*, S. 75.

[15] Vgl. z. B. F. Engels an Bloch (1890), *Marx-Engels, Ausgewählte Schriften* 2, Berlin (Ost) 1955, S. 458 f. Das ökonomische Moment, die

Produktion und Reproduktion des wirklichen Lebens, ist nicht das „einzig bestimmende", wohl aber das „in letzter Instanz bestimmende Moment in der Geschichte".

[16] „So erklärt sich die Wirksamkeit des Religiösen gerade nicht aus seiner vermeintlichen Autonomie, sondern aus seiner tatsächlichen Heteronomie", nämlich vom Sozialinteresse her. „Die Autonomie des Religiösen ist eine Fiktion", auch gegenüber religiösen Erscheinungen ist in letzter Instanz die ökonomische Bewegung der Gesellschaft das Ausschlaggebende. *Brendler,* S. 56 f.

[17] Vgl. Wissenschaft in kommunistischen Ländern, hrsg. von *D. Geyer,* Tübingen 1967, S. 16 f. (E. Bloch)

[18] Die marxistische Wissenschaft würde sich allerdings gegen die Interpretation ihres Kausalitätsbegriffes mit Hilfe der Kategorie der Finalität wehren, aber mir scheint, daß sie an dieser Stelle ihre eigenen Voraussetzungen noch nicht genügend durchreflektiert hat; doch kann ich das hier vorliegende geschichtslogische Problem jetzt nicht erörtern.

Zusatz 1974

Ich kann nicht sehen, daß meine Analyse durch den Fortgang von Diskussion und Forschung innerhalb der marxistischen Geschichtswissenschaft oder durch westliche Analysen dieser Diskussion „überholt" worden ist.

An westlichen Arbeiten über marxistische Reformationstheorie sind zu nennen: *H. G. Koch,* Luthers Reformation in kommunistischer Sicht, Stuttgart 1967 (materialreich, theologisch orientiert). — *O. Rammstedt,* Zum Problem der „frühbürgerlichen" Revolution, Kölner Zeitschrift f. Soziologie und Sozialpsychologie 20, 1968, S. 309—332. — *Carl S. Meyer* (ed.), 16th Century Essays and Studies, Vol. 1, St. Louis 1970 (darin besonders *P. Peachey* über Marxismus und radikale Reformation). — Vor allem die Arbeiten von *A. Friesen,* darunter: Reformation, in: Sowjetsystem und Demokratische Gesellschaft V, 1972 (mit guten Literaturangaben) und jetzt seine große historiographische Arbeit: Reformation and Utopia, The Marxist Interpretation of the Reformation and its Antecedents, Mainz 1974. — Eine Reihe von Abhandlungen zum Thema, vorwiegend von DDR-Historikern, sind jetzt leicht greifbar in: *R. Wohlfeil* (Hrsg.), Reformation oder frühbürgerliche Revolution?, München 1972, mit einer Einleitung von *Wohlfeil* zu Geschichte und Stand der marxistischen Diskussion und einer nützlichen Bibliographie.

Aus der marxistischen Literatur der letzten 7 Jahre nenne ich zunächst antikritische Veröffentlichungen: *M. Steinmetz,* Reformation und Bauernkrieg, in: Kritik der bürgerlichen Geschichtsschreibung, Handbuch, hrsg. v. *W. Berthold u. a.* (westdeutsche Ausgabe: Köln) 1970, mit einer ziemlich obsolet gewordenen Polemik gegen eine lediglich theologische Reformationsgeschichte und die Herauslösung Luthers aus den sozialen Zusammenhängen. — *G. Schilfert,* Die Revolutionen beim Übergang vom Feudalismus zum Kapitalismus (ZfG 17, 1969, 1/2, S. 171—193), der ausgerechnet meinem Aufsatz vorwirft, er unterscheide nicht zwischen dem „Feudalbürgertum" und dem „frühkapitalistischen" Bürgertum. — *E. Engelberg* (ebd. 21, 1973, 7, S. 876 f., Rezension des Bandes von *Wohlfeil*) gibt sein Mißfallen darüber kund, daß ich die Theorien des Marxismus-Leninismus nicht mit dessen eigener wohletablierter Terminologie beschreibe; „Rationalität" verkenne die marxistische Dialektik von „Zufall und Notwendigkeit", „Eindimensionalität" versimple, wenn ich richtig verstehe, den Marxismus zum bloßen „Ökonomismus", „Finalität" verkenne deren beanspruchtes dialektisches Verhältnis zur Kausalität. Nun, ich habe explizit und implizit diese — vorhersehbaren — Einwände berücksichtigt, hier ist keine Verständigung möglich. Dann aber räumt *Engelberg* ein, daß ich mit scharfem Blick das Unsichere und Unabgeschlossene der marxistischen Auffassung über die Rolle der bürgerlichen Schichten, das Verhältnis von bürgerlichen Interessen und kirchenreformerischen Bestrebungen, von einzelnen theologischen Suchern und der gesamtgesellschaftlichen Entwicklung erkannt hätte, und das ist ihm ein „ideologisch-politisches Signal", die Forschungen über die verschiedenen Schichten des Bürgertums in den Phasen des Feudalismus energisch und umsichtig voranzutreiben (ähnlich: ZfG 22, 1974, 2, S. 172). Das ist eine erfreuliche und vielversprechende Nachricht.

Für die Fortführung der marxistischen Theorie seit 1966/67 sind wichtig: *M. Steinmetz,* Über den Charakter der Reformation des Bauernkriegs in Deutschland, in: Wissenschaftliche Zeitschrift der K. Marx-Universität Leipzig Gesellschafts- und Sprachwissenschaftliche Reihe, 14, 1965, S. 389—396 (von mir seinerzeit übersehen). — *Ders.,* Die historische Bedeutung der Reformation und die Frage nach dem Beginn der Neuzeit in der deutschen Geschichte, ZfG 15, 1967, 4, S. 663—70. — *B. Töpfer,* Zur Frage nach dem Beginn der Neuzeit, ebd. 16, 1968, 6, S. 773—79. — *G. Vogler,* Marx, Engels und die Konzeption der frühbürgerlichen Revolution in Deutschland. Ergebnisse und Probleme einer Diskussion, ebd. 17, 1969, 6, S. 704—717. — *D. Lösche,* Probleme der frühbürgerlichen Revolution in Deutschland, Jahrbuch für Geschichte 2, 1967, S. 9—28 (diese Aufsätze alle auch bei *Wohl-*

feil, siehe oben). — 450 Jahre Reformation, hrsg. von *L. Stern* und *M. Steinmetz*, Berlin (Ost) 1967. — *G. Zschäbitz*, M. Luther. Größe und Grenze, Teil 1 (1483—1526), Berlin (Ost) 1967. — *Ders.*, Über historischen Standort und Möglichkeiten der frühbürgerlichen Revolution in Deutschland (1517—1525/26), in: Studien über die Revolution, hrsg. v. *M. Kossok u. a.*, Berlin (Ost) 1969, S. 35—45. — Weltwirkung der Reformation, hrsg. v. *M. Steinmetz* u. *G. Brendler*, 2 Bde., Berlin (Ost) 1969. — *E. Engelberg*, Zu methodischen Problemen der Periodisierung, ZfG 19, 1971, 10, S. 1219—1250; dagegen: *G. Vogler*, F. Engels zur internationalen Stellung der deutschen frühbürgerlichen Revolution, ZfG 20, 1972, 4, S. 444—457; dagegen wieder *E. Engelberg*, Nochmals zur ersten bürgerlichen Revolution und weltgeschichtlichen Periodisierung, ebd. 20, 1972, 10, S. 1285—1305. — *B. Berthold — E. Engel — A. Laube*, Die Stellung des Bürgertums in der deutschen Feudalgesellschaft bis zur Mitte des 16. Jahrhunderts, ZfG 21, 1973, 2, S. 196—217. — *G. Vogler*, Probleme der Klassenentwicklung in der Feudalgesellschaft. Betrachtungen über die Entwicklung des Bürgertums in Mittel- und Westeuropa vom 11. bis zum 18. Jahrhundert, ebd. 21, 1973, 10, S. 1182—1208. — *Ders.*, Revolutionäre Bewegung und frühbürgerliche Revolution. Betrachtungen zum Verhältnis von sozialen und politischen Bewegungen und deutscher frühbürgerlicher Revolution, ebd. 22, 1974, 4, S. 394—411.

Wichtig an diesen Arbeiten ist m. E. das Folgende:
1. Die abweichende Ansicht von *Töpfer,* der die Reformation nicht als bürgerliche Revolution ansehen will und auf ihre Gemeinsamkeiten mit spätmittelalterlichen Erscheinungen hinweist, hat sich nicht durchgesetzt (zuletzt besonders *Vogler,* 1974): nicht formale Übereinstimmungen und inhaltliche Berührungen sind entscheidend, sondern die qualitative Bestimmung des jeweils erreichten Entwicklungsstadiums der Feudalgesellschaft und in diesem Zusammenhang die „objektive" Stoßrichtung der Klassenkämpfe, die „Systemfaktoren", die objektiv andere ökonomisch-soziale Lage, die eine ganz neue und andere Qualität der gesellschaftlichen Widersprüche heraufführten. Darum ist die Reformation ein epochales Ereignis. Betont wird jetzt (zuerst bei *Steinmetz,* 1965) auch der europäische epochale Charakter der Reformation als Beginn der frühen Neuzeit; auf die von Engels kanonisierte Abfolge Luther—Calvin—Englische Revolution wird immer wieder rekurriert und damit — von den Folgen her — der „bürgerliche" Charakter der Reformation abgesichert. In der Debatte zwischen *Engelberg* und *Vogler* (1971/72) hat *Engelberg* diese

Kontinuität besonders betont, er spricht deshalb von „erster" bürgerlicher Revolution, er will sie deshalb mit dem ersten Siege Calvins in Genf 1536 abschließen, während *Vogler* mit Hilfe einer Engelsexegese beide Erscheinungen schärfer trennt.

2. Die von *Steinmetz* zunächst betonte „nationale Aufgabe" (Zentralisierung gegen Zersplitterung) ist kritisiert worden und inzwischen — parallel zu Entwicklungen der DDR-Politik — zurückgetreten; die Hauptaufgabe war die antifeudale, die Beseitigung der feudalen Hemmnisse für den Aufstieg des Frühkapitalismus. *Lösche* (1967) hat zusätzlich stärker und eigentlich zuerst selbständig eine „ideologische" Aufgabe betont: die Schaffung einer bürgerlichen Weltanschauung, die erst alle weitere Emanzipation ermöglicht, gehörte zu den Hauptaufgaben (ähnlich *Vogler,* 1969). Schließlich wird von diesen beiden Autoren auch die machtpolitische Frage, stärkere Beteiligung des Bürgertums an der Staatsmacht als ein Ziel des Kampfes gegen die Papstkirche, als Hauptaufgabe dargestellt.

3. Diskutiert wird weiterhin über das „Bürgertum" *(Berthold u. a.,* 1973; *Vogler,* 1973), über die Kompliziertheit der Klassendifferenzierung und Klassenkämpfe und die sehr unterschiedlichen Übergänge. Die These von der sich formierenden Bourgeoisie ist im großen und ganzen anerkannt, aber ihr Gewicht umstritten; *Lösche* (1967) hat z. B. auf die Spaltung dieser Klasse in Monopolisten und Antimonopolisten hingewiesen. Gelegentlich spielte die Frage nach dem Bewußtsein, den subjektiven Zielen der Handelnden, z. B. im Kampf um politische Macht und nationale Einigung, eine Rolle, offenbar um sie mit den objektiven Aufgaben in Übereinstimmung zu bringen (*Vogler,* 1969), aber im ganzen bleibt es doch bei dem Unterschied zwischen objektivem und subjektivem Faktor und dem klaren Vorrang des ersteren (*Lösche,* 1967; *Vogler,* 1974, siehe oben unter 1; *Berthold u. a.,* 1973: nicht die subjektive Haltung, sondern die objektive Wirkung sei entscheidend für die „Beurteilung").

4. Die ganze Diskussion, auch so weit sie manchen früheren Provinzialismus und manche besonders massive Borniertheit verloren hat, dreht sich aber um „Einschätzungen", um Interpretationen im Rahmen des Grundschemas, nicht um konkrete Forschungen. Auch die Verschiebungen innerhalb des Grundschemas werden nicht als Hypothesen aufgestellt, die durch Forschungen zu überprüfen wären. Die Debatte bleibt so einstweilen theorie- und reflexionsimmanent, sie stellt keine Fragen an die historische empirische Untersuchung und macht sich von ihren Ergebnissen nicht abhängig.

Theologie und Revolution bei Thomas Müntzer*

Thomas Müntzer hat in zweifacher Hinsicht bedeutende geschichtliche, ja weltgeschichtliche Wirkung gehabt. Zum einen steht der Theologe Müntzer als „stärkste Potenz" am Beginn der schwärmerischen Seitenbewegung der Reformation[1], in ihm gelangt der Gegensatz der „Schwärmer" zu Luther zuerst „zum deutlichen Bewußtsein über sich selbst"[2]. Er ist bei aller Brüchigkeit der Person der Entwurf zu einem Gegen-Luther[3]. Die Spiritualisten, zumal Denck[4] und über ihn dann Franck, sind tief von ihm beeinflußt, und sein Einfluß setzt sich über die Weigelianer bis in den radikalen Pietismus hinein fort[5]. Ebenso wirkt er nachhaltig über Grebel, Hut und Rink, vielleicht auch über Hubmaier, auf fast alle Täufergruppen, auf die aktivistischen wie die leidentlichen[6], und über die Niederlande wohl auch auf die puritanische Revolution, zumal auf die chiliastischen und sozial-revolutionären Bewegungen, deren Ausläufer schließlich ins Quäkertum münden[7]. Zum andern ist der Revolutionär Müntzer die Hauptgestalt des mitteldeutschen Bauernkriegs, und das hat die besondere Schärfe von Luthers Stellungnahme und damit die Verhärtung seines Obrigkeitsdenkens bestimmt. Seit Friedrich Engels' Schrift über den Bauernkrieg von 1850[8], die die weltgeschichtliche Zuversicht der Sozialisten nach der Niederlage von 1849 neu beleben und die These vom Klassenkampf als dem bewegenden Prinzip der Geschichte exemplifizieren sollte, sehen die Marxisten von Kautsky bis Smirin in Müntzer den revolutionären Heros, den Vorläufer des Kommunismus[9]; im 19. Jahrhundert ist Müntzer auch mit umgekehrten Vorzeichen Synonym der Revolution, ein Konservativer wie Heinrich Leo hat seine Revolutionsanschauung an ihm besonders eindringlich dargestellt; und noch Karl Mannheim baut seine typologische Analyse des revolutionären Utopismus auf Thomas Müntzer auf[10].

Die historische Forschung hat das Leben, Denken und Wirken Müntzers seither erst eigentlich aufgehellt[11]. Aber die Frage nach dem Verhältnis von Theologie und Revolution, die Frage nach der Einheit seines Wirkens, ja nach der Einheit seiner Person

* Zuerst in: Archiv für Reformationsgeschichte 54, 1963, Heft 2, S. 145 bis 179.

bleibt strittig. Die Marxisten versuchen — bestenfalls —, seine Theologie aufklärerisch als kommunistische Anthropologie umzuinterpretieren, und auch das bemerkenswerte, freilich nicht eigentlich historische, expressionistische Buch von Ernst Bloch[12] erhebt sich zwar über die vulgäraufklärerische Antitheologie, reduziert aber auf höherer Ebene Müntzers Theologie doch wieder auf eine Anthropologie des seiner Autonomie bewußt gewordenen Menschen. Nichtmarxistische Forscher konstruieren entweder, wie zum Beispiel Günther Franz im Anschluß an eine Arbeit aus der Böhmerschule, einen höchstens psychologisch auflösbaren Widerspruch zwischen Leidenstheologie und Revolution[13], oder sie verknüpfen Theologie und Revolution mit der vagen Auskunft allgemeiner oder chiliastischer Radikalität[14]. Nach Karl Holl versuchen erst die jüngsten Arbeiten von Hinrichs und Elliger[15], Theologie und Revolution bei Müntzer konkret zu verbinden, die Revolution aus seiner Theologie verstehbar zu machen. Beide Autoren rekurrieren einmal auf das Geistprinzip als ein spezifisch revolutionäres Prinzip, eine Auskunft, die nicht eigentlich befriedigt, weil der Spiritualismus ganz verschiedene Weisen der Weltgestaltung als Möglichkeiten in sich enthält und weil darum von hierher revolutionäre Gewalt noch nicht in den Blick kommt. Beide Autoren ziehen daher auch noch andere Gesichtspunkte heran. Elliger betont die religiöse Mentalität Müntzers, und zwar näher das religiöse Verlangen nach kompakter Glaubens- und Geisteserfahrung, und den Willen, die „Seinsmächtigkeit" des christlichen Glaubens zu erfahren und zu erweisen, und natürlich auch das prophetische Sendungsbewußtsein. Hinrichs hebt vor allem die Bedeutung der eschatologischen Geschichtstheologie Müntzers hervor und zeigt, wie sich daraus die Begriffe von Kirche und Obrigkeit herleiten. Damit ist nun zwar die Revolution theologisch verstehbar geworden, aber es sind wesentlich einzelne theologische Motive, die dieses Verständnis ermöglichen. Das Ganze von Müntzers theologischem Ansatz, das doch in Glauben und Rechtfertigung, in Geist und Kreuz sein Zentrum hat, ist noch nicht überzeugend auf seinen möglichen revolutionsbegründenden Sinn hin interpretiert worden[16].

Darum scheint es angebracht, den Zusammenhang von Theologie und Revolution noch einmal aufzugreifen. Dabei stößt man auf eine neue Schwierigkeit. Denn auch die Interpretation von Müntzers Theologie, die von deren späteren revolutionären Auswirkungen oder Fortbildungen absieht, ist strittig. Die Auseinandersetzung über Täufer und Spiritualisten wird auf Müntzer zurückprojiziert, die spiritualistische Mystik des Inneren Wortes oder die fanatische Gesetzlichkeit der unbedingten Heiligung, ja der chiliastischen Absonderung, das Subjektive oder das Objektive, stehen im Zentrum[17]. Die jeweils entgegengesetzte polare Tendenz wird zwar konstatiert, aber auf die Verbindung beider Tendenzen oder ihre eigentümliche Einheit wird nicht eigens reflektiert. Auch die Lage der theologischen Forschung verweist also darauf, erneut zu versuchen, die mögliche Einheit in Müntzers Denken zu erfassen und verstehbar zu machen[18]. Zwar bieten Müntzers Schriften keine explizite, durchreflektierte oder gar systematisierte Theologie, aber seiner Predigt wie seiner Polemik liegt doch ein ganz bestimmtes christliches Selbstverständnis zugrunde, das es erlaubt, von seiner Theologie zu sprechen. Dabei wird der Charakter seiner theologischen Äußerungen — Predigt und Polemik, die nicht Darlegung, sondern Anrede und Anspruch sind — ein wesentlicher Hinweis für sachgerechte Interpretation sein müssen.

Ausgangspunkt für ein angemessenes Verständnis Müntzers ist sein theologisches Grundproblem, das heißt sein Verhältnis zu Luther. Müntzer ist nicht, wie häufig behauptet worden ist, zeitweiliger Mitläufer Luthers, der im Grunde der Welt spätmittelalterlicher Sekten und der Mystik zugehört[19], sondern er nimmt Luthers reformatorischen Ansatz durchaus auf[20]. Und der Gegensatz zu Luther, der spezifische und revolutionäre Denkansatz Müntzers, entsteht auch nicht aus spätmittelalterlich bedingten Nebenmotiven, sondern gerade aus der Rezeption Luthers, aus der ursprünglichen, nämlich selbstverständlich vorausgesetzten Übereinstimmung mit Luther. Das verrät sich noch in der Selbstdeutung, die Müntzer seinem Gegensatz zu Luther gibt. Noch in seiner letzten Schrift ist Luther der schwarze, der tückische Kolkrabe[21], der erste Sendbote aus der Arche Noah, der nicht zurückkam, nicht die Botschaft des Friedens brachte; mit ihm brach die Wahrheit an, aber er hat sie dann vergessen und preisgegeben; die These von der steckengebliebenen Reformation ist hier angelegt[22]. Erst Müntzer ist die „Taube", er führt das begonnene Werk auf seinen eigentlichen Weg und vollendet es. Müntzer wird zum Gegner Luthers, gerade weil er auf dem von Luther gewonnenen Boden beginnt, seine Probleme entstehen aus den Problemen Luthers, in diesem Sinne ist Müntzer zweite Generation.

Das Augenfälligste an Müntzers Theologie ist, heute wie immer schon, die Antithese von Geist und Schrift, von innerem und äußerem Wort[23]. Die Antithese knüpft an Augustins De spiritu ac littera an[24], aber sie läßt deren traditionelle Benutzung als

Hermeneutik der Allegorese weit hinter sich und übernimmt auch nicht die Neuinterpretation Luthers, der sie auf die Dialektik von Gesetz und Evangelium bezieht. Sie knüpft weiterhin an Joachim von Fiore und die Müntzer bekannten pseudojoachitischen Schriften an[25], aber sie ist doch aus einem eigenen und ursprünglichen Ansatz entwickelt.

Geist ist wesentlich nicht ein komplementärer, sondern ein polemischer Begriff, der sich gegen Schrift und Buchstabe, gegen das Wort, und zumal das äußerliche Wort richtet. Seine Gegner sind „Schriftgelehrte", Müntzer versteht seine Theologie des Geistes als eine Entgegensetzung gegen die Theologie der „Schriftgelehrten". Die Intention der Kategorie Geist muß aus dieser polemischen Funktion verstanden werden.

In der Polemik gegen die Schrift sind nun zwei Motive aufs engste verflochten. Das eine zunächst ist ein intellektuelles, ein rationales Motiv, die Frage nach dem Kriterium der christlichen Wahrheit. Der Verweis auf die Schrift und ihre Autorität kann nur dem „gedichteten" Glauben genügen. Für Müntzer ist die selbstverständliche, die unbezweifelte Autorität der Schrift dahin, sie ist nicht ein letztes, hinter das nicht mehr zurückgefragt werden kann, sie kann von ihr selbst her keine Verbindlichkeit beanspruchen. Türken und Heiden unterwerfen sich einer postulierten Autorität der Schrift nicht, und es ist nicht einzusehen, warum sie das tun sollten, solange ihnen kein anderes Kriterium für die Wahrheit gegeben wird als eben die Schrift selbst[26]. Ebenso ist aber der Christ darauf verwiesen, hinter die Autorität der Bibel zurückzufragen, er muß „wissen", zwingend, das heißt *auch:* vernünftig, überführt sein, „ob dies Gott geredet hat und nicht der Teufel"[27], er darf sich nicht mit der konventionellen Unwissenheit über Grund und Boden seines Glaubens, die sich hinter der Berufung auf die Schrift verschanzt, begnügen[28]. Es wäre schlecht um den christlichen Glauben bestellt, wenn dieser zunichte würde, sobald ihm die Bibel genommen wäre[29], auch diese etwas künstliche Erwägung enthält ein Moment der intellektuellen Haltung, die das Kriterium der Wahrheit hinter einer Schriftautorität sucht, und das nicht mehr traditionell, nämlich unausdrücklich selbstverständlich tut, sondern an der Schrift als Autorität Anstoß nimmt. Endlich verweist die Schrift selbst über sich hinaus, die biblischen Schriftsteller hatten keine Schrift, aber gerade sie waren erfüllt vom Glauben[30]. Die „Schrift gibt Zeugnis, aber sie gibt keinen Glauben"[31], sie ist nicht an ihr selbst schon Offenbarung. Die Schrift ist Zeugnis, und zwar Zeugnis vom Glauben der frommen Schreiber ihrer Bücher und Zeugnis von dem, was diese als Zeugen erlebt haben, und als Zeugnis ist sie der Frage nach dem Kriterium ihrer Wahrheit ausgesetzt. Damit beginnt, ohne daß darauf reflektiert würde, die Einordnung der Bibel in die Tradition von Glaubenszeugnissen, und die Kritik der Tradition ergreift grundsätzlich auch die Bibel selbst. Die kritisch-intellektuelle Linie ist freilich nicht die dominierende in Müntzers Argumentation, sie ist doch nur ein gleichsam eingestreutes Moment, von der durchgeführten rationalistischen Skepsis des Lorenzo Valla und seiner Relativierung der biblischen Autorität ist Müntzer weit entfernt, obwohl er wahrscheinlich Schriften von Valla gekannt hat[32]. Schon das Insistieren auf dem Wahrheitskriterium ist theologisch gemeint, denn nur die an solchem Kriterium geprüfte Wahrheit gründet den Glauben im Gewissen.

Hier setzt das zweite und dominierende Motiv der Polemik gegen die Schrift ein, das man als theologisch-existentielles charakterisieren kann. Die Schrift „kann als äußerliches Zeugnis im Glaubenden kein Wesen machen"[33], sie kann vom Glaubenden nicht eigentlich angeeignet werden, sie ergreift und verwandelt ihn nicht. Schrift und Schriftglaube sind etwas Totes[34], ihr Ort ist das Gedächtnis, die Schrift „ist in die Gedächtnisse von außen eingezogen"[35], Glaube wird hier zum bloßen Fürwahrhalten des intellektuell Lernbaren[36], dessen, was die „Schriftstehler" ohne Erfahrung eines existentiellen Grundes zusammenholen[37]. Solcher Glaube verläßt sich aufs Hörensagen und den Glauben anderer Leute[38], auf Bücherwahrheit[39]. Die bloße Schrift ist unaufhebbar fremd, sie ist von massiver Gegenständlichkeit, die nicht innerlich werden kann, sie gleicht ungebrochenem Brot, rohen Fröschen, die der Storch seinen Jungen vorwirft, sie wird „gefressen"[40]. Und der an solcher Schrift orientierte Glaube vergegenständlicht auch das, woran er glaubt, Gott wird ein „stummer", ein „hölzerner" Gott, ein Eichenblock und Kieselstein, Christus ein „hölzerner" Christus oder ein „gemaltes Männlein"[41], die Vergegenständlichung entmächtigt ihre Objekte, ja degradiert sie zum eigenen Machwerk, und sie entfremdet die Objekte zugleich, sie macht eine Aneignung durch den Glaubenden unmöglich. Wenn der Mensch „gleich hunderttausend Bibeln gefressen hätte"[42], „sein Herz ist tausend mal tausend Meilen davon"[43]. So hat Kierkegaard später gegen Hegel polemisiert, wenn er das Hegelsche System einem Schloß vergleicht, dessen Herr in einer Scheune nebenan wohnt[44]. Die bloße Schrift ist für Müntzer, so läßt sich das Bisherige zusammenfassen, nur objektiv, sie kann die Innerlichkeit des Menschen, den Ernst und die Unbedingtheit seiner Subjektivität[45], nicht binden und nicht bestimmen[46], sie kann den Glauben, der ihrer Objektivität gegenüber bloßes Fürwahrhalten bliebe, nicht begründen. Ja, das Annehmen einer solchen Schrift gilt sogar — trotz der erörterten rationalen Einwände — als leicht[47], weil es die Subjektivität nicht im Ernst trifft und sie nicht ihrer natürlichen Selbstsicherheit entsetzt. Das Argumentieren mit Schriftstellen, mit „klaren Texten" kann dann zu einer Form des Unglaubens werden[48]. Der Ort des Glaubens und das einzig mögliche Kriterium seiner Wahrheit ist das Herz. Gott schreibt ins Herz[49], er redet im Herzen, sein Wort und der Glaube entspringen dem Herzen[50], ohne das Herz ist der Glaube ohne Verbindlichkeit und ohne Gewißheit, erst das Zeugnis des Herzens macht das Bibelwort wahr[51]. „Christus will sein Gedächtnis, Wesen und Wort in der Seele des Menschen haben"[52]. Der Glaube ist nicht Lehre, sondern „Kunst Gottes"[53], und er kann das nur als eigenste und ursprünglich echte Erfahrung sein[54], dafür tritt Müntzer mit aller Leidenschaft ein. Die Evidenz der Wahrheit ist darum eine subjektive, der wahre Glaube erweist seine Wahrheit aus der Betroffenheit und Erhellung der Subjektivität, daraus, daß die „Heimlichkeit" des Herzens offenbar wird[55], daß der Mensch im Gewissen auf seinen Grund geführt wird[56]. Dieser Grund ist das Leiden. Der Glaube entsteht, indem der Mensch im Leiden sich selbst erfährt[57]. Und eine solche existentielle Erfahrung kann wiederum, das ist noch unbezweifelte Selbstverständlichkeit, nur als Gotteserfahrung sachgemäß verstanden werden. Diese innere Evidenz erweist ihre Wirkmacht, indem sie das Leben des Menschen verwandelt, darum ist die Diskrepanz zwischen Leben und Glauben ein Hinweis darauf, daß der Glaube seine Wahrheit nicht erfahren, nicht innerlich ergriffen hat[58].

Der Glaube entfaltet sich in Erfahrung, Aneignung (Zueigenwerden) und Verwandlung, das macht die personale Struktur des Glaubens aus. Sie zu beschreiben und gegenüber einer unvollziehbaren Objektivität, die den Glauben zum Fürwahrhalten pervertiert und den Ernst der Subjektivität außer sich läßt, zu sichern, das ist der Sinn der Kategorie Geist. Geist ist zunächst nicht eine naturhafte Qualität, die man hat oder nicht hat und die den Menschen von aller personalen Schuld frei ließe. Geist bedeutet auch nicht, daß der „redende Gott" zugunsten des „empfangenden Menschen" zurückgedrängt werde[59], vielmehr sucht der Begriff der dialektischen Relation zwischen Gott und Mensch, der dialektischen Position des Menschen zwischen freier Selbständigkeit und absoluter Abhängigkeit gerecht zu werden. Geist meint, daß Gottes Handeln dem Menschen als existentiale Wirklichkeit verstehbar und erfahrbar ist, mit der Kategorie Geist versucht

Müntzer die Personalität des christlichen, des reformatorischen Glaubens zu sichern, versucht er einen Glauben zu beschreiben, bei dem die Subjektivität rein bestehen kann, bei dem der Glaube Glaube bleiben kann.

Dieser Versuch findet seinen zugespitzten Ausdruck darin, daß aller Ton auf die Zeitkategorie der Subjektivität, auf die Gegenwart gelegt wird. Gott hat nicht in irgendwelcher Vergangenheit etwas gesagt und offenbart, sondern er redet und offenbart immer und also auch jetzt und hier, wir haben ihn täglich zu gewärtigen[60]. Darum haben alle Propheten „die Weise zu reden, dies sagt der Herr, sie sprechen nicht, dies hat der Herr gesagt, als wenn es vergangen wäre"[61]. Gegenwart ist das einzig angemessene Tempus theologischer Rede, die absolute Präsenz, die nicht durch Vergegenwärtigung eines Vergangenen abgelöst werden kann, ist das Entscheidende, und sie wendet sich eben gegen das Vergangene als das Vollendete und dem Menschen fremd Gegenüberstehende. Von hierher endlich sind die polemisch forcierten Aussagen zu verstehen, daß auch der Heide „das rechte Werk und die Lehre Gottes ohne alle Bücher erfahren" kann[62], und die biblischen Schriftsteller fungieren als Beispiele für solchen bücherlosen Glauben. Solche Sätze entspringen nicht wie bei Nikolaus von Cues oder später bei Postel einer irenischen Haltung, sie explizieren auch nicht eine Theorie des inneren Lichts, eine natürliche Religion des Menschen[63], einen universalen Theismus, wenn auch Müntzers Anschauung im Hintergrund steht, daß die biblische Offenbarung und die Offenbarung im Herzen identisch sind. Aber hier handelt es sich nicht um eine systematische Aussage. Vielmehr sind solche Sätze an christliche Hörer und Leser adressiert, ihnen treten sie als Anspruch und Predigt entgegen, um sie auf den eigentlichen Begriff der Offenbarung und des christlichen Glaubens zu stoßen, auf ihre absolute Gegenwärtigkeit und ihre personale Struktur. Der Glaube muß so schwer sein, „als wenn keine Schrift da wäre"[64], das ist das treibende Motiv für die Argumentation mit dem schriftlosen Glauben.

Man muß nun fragen, gegen wen denn diese ganze Argumentation sich richtet. Entspricht sie nicht — in Motiv und Tendenz wenigstens — durchaus dem Beginnen Luthers? Was bei Müntzer gedichteter und erfahrener Glaube heißt, heißt bei Luther fides historica und fides fiducialis. Auch Luther, der ein viel selbstverständlicheres und fragloseres Verhältnis zur Bibel hatte als Müntzer, unterscheidet zwischen Schrift und Wort Gottes; das Evangelium ist nicht eigentlich das, was in Büchern steht[65]. Auch für

Luther verläßt sich der Glaubende nicht auf einen anderen Glauben, nicht auf ein für wahr gehaltenes Zeugnis, sondern auf das existentiell begegnende Wort[66]. Die christliche Wahrheit ist wahr nicht auf Grund biblischer Autorität, sondern wahr, weil sie das Gewissen überführt. „Das Wort in den Grund des Herzens kann mir niemants geben als Gott"[67], auch für Luther gibt es eine Unmittelbarkeit des Heiligen Geistes[68]. Das Bibelwort ist wirksam nur, weil und insofern der Geist in ihm waltet. Erst diese Beziehung auf den Geist gibt dem Wort die für Luther wesentliche Struktur des Pro-me, und er versucht das Geistgewirkte des Glaubens jenseits eines magischen Mirakels verständlich zu machen. Auch für ihn ist darum das Wort Gottes, nun freilich schon in bezeichnender Verschiebung gegenüber Müntzer, wie gestern gesagt zu hören. Wie Müntzer kann er den christlichen Glauben an einem Nichtchristen, an Abraham, exemplifizieren.

Es ist, als ob Müntzer diesen Luther nicht sähe. Das hat seine Gründe. Luther versucht, das Verhältnis von Wort und Geist als Einheit zu verstehen. Die Wahrheit ist nicht durch das äußere Wort begründet, aber sie bleibt an es gebunden, und zwar an seine Vorgängigkeit, das Wort kann nicht relativiert oder gar eskamotiert werden. Luther versucht, den Glauben als ein Hören und Antworten auf die Schrift, also von Wort und Sprache her, personal verständlich zu machen und gerade damit das Objektive wie Subjektive zu übersteigen. Er hat die hier entstehenden Probleme nicht eindeutig gelöst; die Bindung des Geistes an das Wort wird auch damit begründet, daß Gott es so gesetzt hat, Luthers Liebe zum anstößig Anti-Vernünftigen, Luthers „Positivismus" (J. Kühn) hält an dieser puren Faktizität besonders fest. Müntzer hat die dialektisch-personale Struktur von Luthers Wort- und Glaubensbegriff nicht erfaßt, er sieht nur die antisubjektiven Momente und hält das Ganze darum für unannehmbar objektiv. Er sieht in Luther — in einer bedeutenden Antizipation — den Entwurf der Wortorthodoxie, die die Einheit von Wort und Geist zugunsten der Prävalenz des Wortes preisgibt. Er sieht, wie Luther gegen die Radikalisierung seines eigenen Ansatzes die objektivistischen Elemente stärker betont, im Kampf gegen die Spiritualisten seine eigenen spiritualistischen Tendenzen zurückdrängt, das ursprünglich freiere Verhältnis zu Bibelbüchern immer mehr verfestigt. Das bedroht die existentielle Gewissenserfahrung als Basis des Glaubens.

Und dagegen radikalisiert nun Müntzer die Subjektivität des Glaubens, indem er ihn von der absoluten Bindung an die Schrift, vom Papsttum des Buchstabens löst. Das Pro-me in Luthers Wortglauben meint Müntzer gegen die Übermacht objektiver Schrift nur durch die Kategorie Geist bewahren zu können. Zwei der Grundprinzipien der Reformation treten auseinander, weil die Subjektivität des Glaubens in einen Gegensatz zur Objektivität der Schrift zu geraten scheint. Das Sola fide kann nur gesichert werden, indem das Sola scriptura aufgegeben wird.

Das Bibelwort verliert seine zentrale Stellung. Müntzer ist kein Biblizist, wie die lutherische polemische Zusammenwürfelung Müntzers mit den biblizistischen Täufern es nahelegt. Die Aussage etwa, daß er unter Berufung auf das Alte Testament das Barttragen verbindlich gemacht habe, wird durch das einzige mit großer Wahrscheinlichkeit echte Bild des bartlosen Mannes widerlegt[69]. Die Bibel behält aber für Müntzer eine wesentliche Funktion, und er beruft sich oft genug auf sie. Die Bibel ist niedergelegte Geisteserfahrung, und da diese grundsätzlich gleichbleibt, einen einheitlichen Gesamtsinn hat, korrespondiert sie der Erfahrung des inneren Wortes[70]. Sie bleibt Anreiz und Aufforderung; das Auslegen der Bibel, das tägliche Bibellesen ist heute nötiger denn je[71], es vermag den rechten Glauben zu evozieren. Freilich macht in einer Art hermeneutischem Zirkel der rechte — schriftlose — Glaube auch die Auslegung der Schrift erst möglich. Denn das Evangelium ist die am Gewissen sich vollziehende radikale Ortsveränderung des Menschen. Darum ist das Gewissen das zentrale hermeneutische Prinzip gegenüber der Schrift, und hier ist wiederum die erörterte Möglichkeit, die Traditionskritik auf die Bibel auszudehnen, theologisch begründet[72]. Müntzer freilich hat diese Konsequenzen seines Ansatzes nicht reflektiert. Aber sein praktisches Verhältnis zur Bibel ist — im gleichen Sinn — dialektisch. Bei aller Kritik am Schriftglauben versucht er ständig, seinen Geistglauben gerade biblisch zu rechtfertigen[73]. Biblische Hinweise konstituieren aber als solche für ihn keine Gesetze, sondern sie weisen auf Exempel des Glaubens hin, sie sind Anrufung, nicht Beweis, sie sind eine heilsgeschichtliche Totenbeschwörung. Sie können freilich, das hängt mit der Auffassung von der Einheit aller Offenbarung zusammen, gesetzlichen Charakter annehmen, etwa in der rechtfertigenden Begründung der Gewalt durch Bibelstellen[74]; auch die Forderung, stets das Ganze der Bibel zusammenzunehmen und vor Augen zu führen[75], verleiht der Bibel einen gesetzlichen Charakter. Müntzer hält hier seinen Entwurf eines unbiblizistischen Glaubens nicht ganz durch. Die These von der Einheit aller Offenbarung kann auch dem inneren Wort den Anschein des Biblizismus geben. Immerhin begründet er seine Abwertung der Kindertaufe[76] in keiner Weise biblizistisch, und auch die biblizistische Begründung der Gewalt hat doch mehr akzidentellen Charakter[77]. Die Täufer haben gegen ihn und zumal gegen seine Gewaltlehre gerade vorgebracht, daß er mit den Worten der Bibel nicht übereinstimme[78].

Der Versuch nun, durch Absage an eine feste Wortbindung die Subjektivität, durch Absage an die Schrift den Glauben zu bewahren, der darin wirksame leidenschaftliche Wille zur Unmittelbarkeit, schlägt um in eine neue und massive Objektivierung. Denn die christliche Daseinserfahrung wird für Müntzer in Prophetien, in Träumen und Gesichten, die der Zeit ja tief vertraut waren, im vermeintlich mündlichen Wort gegenständlich[79]. Zwar wehrt er sich gegen die Forderung seiner Gegner, den Geistglauben durch Wunder erweisen zu müssen[80], zwar spricht er dem inneren Wort einen Vorrang vor den Gesichten zu[81], aber die Forderung der mündlichen, objektivierbaren Offenbarung bleibt bestehen. Und alle Versuche, aus der fließenden und willkürlichen inneren Erfahrung die echten geistgewirkten Gesichte und Offenbarungen auszugrenzen, die Forderungen nach Kontrolle an der Schrift, nach Einfachheit, nach vorausgegangener Betrübnis, nach rechenschaftgebendem Bericht über den Ursprung der Gesichte[82], bestätigen und verstärken nur die Tendenz zur Objektivierung der inneren Erfahrung. Schon damit wird der geistgewirkte Glaube etwas objektiv Auf- und Ausweisbares.

Derselbe Vorgang, die radikale Subjektivierung eines lutherischen Ansatzes und das Umschlagen ins Objektive, ergibt sich, wenn man sich Müntzers Auffassung vom Inhalt der christlichen Daseinserfahrung, von Rechtfertigung und Erlösung zuwendet. In der Ablösung von der alten Kirche steht Müntzer auf Luthers Boden, er verwirft die Verdienstlichkeit guter Werke und jeden Kompromiß zwischen Gnade und Leistung, „Gott hat's allein getan"[83]; und er verwirft überhaupt die sakramentale Gnadenlehre[84]. Aber er wendet sich auch gegen Luthers Rechtfertigungslehre. Er versteht sie gemäß denjenigen Ansätzen, die Melanchthon dann in die Gestalt der Imputationstheorie gebracht hat[85], nach der Rechtfertigung darin besteht, daß der tatsächlich nicht Gerechte auf Grund der stellvertretenden Genugtuung Christi für gerecht erklärt wird. Stellvertretung und Nicht-Anrechnen einer Schuld erscheinen Müntzer, vielleicht im Hinblick auf die nominalistische Akzeptationstheorie, als bloß intellektuelle Vorstellungen. Damit antizipiert er die spätere pietistische Kritik an der orthodoxen Rechtfertigungslehre. Daß ein anderer für uns leidet und mit seinem Leiden genuggetan hat, nimmt „der Gottlose über die Maßen gern" an[86], denn das trifft ihn nicht, das läßt ihn unverwandelt weiterexistieren[87]. Die hier gelehrte Barmherzigkeit Gottes ist eine erdichtete, eine fiktive, sie entspringt einem ungebrochenen menschlichen Selbstvertrauen[88], und Christus wird durch eine solche Fiktion in seiner Relevanz für das Leben grade entmächtigt, er wird zum „hübschen", „phantastischen Götzen"[89]. Eine so gefaßte Rechtfertigung erscheint wiederum als bare Objektivität, sie kann nicht angeeignet werden, sie läßt den Menschen wesentlich außer sich.

Ausgangspunkt dieser Kritik ist also die Subjektivität, und diese wird nun näher bestimmt. Müntzer bekämpft Luther — und damit schlägt er ein Grundthema schwärmerischer, täuferischer wie spiritualistischer Lutherkritik an — als den Prediger eines „honigsüßen Christus"; und dagegen sucht er das, was er den „bitteren Christus" nennt[90], zur Geltung zu bringen. Seine Theologie ist von Tauler herkommend Theologie der Nachfolge, wenn sie auch ganz frei ist von der imitatio der Devoten. Der Mensch gewinnt sein Heil, indem er einen schweren und leidvollen Prozeß der inneren Umwandlung durchmacht, indem er außer sich gesetzt wird, indem er „christförmig" wird, christiformitas gewinnt[91], indem er „das Kreuz" erfährt. Nur durch Übernahme des Kreuzes Christi wird dem Menschen die Wahrheit zu eigen[92]. Was ist das Kreuz? Das Kreuz ist der Ort, an dem das Gewissen den Menschen verklagt, an Christus sollen wir „das Maß unseres Totschlagens den ganzen Tag durch und durch wahrnehmen"[93]. Der Mensch soll sich als Sünder erfahren, „der sein Leben lang wider Gottes Willen gehandelt hat"[94], der „von Gott zu den Kreaturen gefallen"[95] ist, an die Welt und seine Lüste verfallen ist, der auf seine Natur vertraut, das Eigene sucht und sich nicht auf Gott verläßt[96], der nicht Gott, sondern die Kreaturen fürchtet[97]. Der Mensch ist Sünder, und zwar nicht auf Grund eines metaphysischen Schicksals der Vereinzelung, sondern aus personaler Schuld, er ist ungläubig, und darin hat er sein Leben verfehlt. Indem der Mensch sich am Kreuz als Sünder erfährt, verzehrt ihn das Gewissen, es „verzehrt" alles, „was ich bin"[98], es zerschlägt seinen gedichteten Glauben und seine natürliche Selbstsicherheit, er wird in „aller seiner angenommenen Weise zerknirscht"[99], alles Haltes an der Welt beraubt, er gerät in die Verzweiflung vor Gott, er glaubt sich von Gott verlassen, und auch die vermeintliche ewige Verzeihung bedeutet ihm keinen Trost[100]. In diesem Sinne wirkt auch die Schrift, die Predigt des Gesetzes wie des Kreuzes Christi: sie tötet[101]. Das Entsetzen und die Furcht Gottes[102], das sind die zentralen Kategorien dieser Kreuzerfahrung, und sie sind ganz eindeutig auf Schuld und Gewissen bezogen[103]. Von daher müssen auch Müntzers mystische Kategorien interpretiert werden. — In der Verzweiflung nun, in der es kein Vertrauen auf Gott mehr gibt, kommen Unglaube und Sünde auf ihren Grund[104]. Hier beginnt der Glaube als Hoffen gegen Hoffen[105]. Denn: indem der Mensch die Gerichtserfahrung, die Aufdeckung seiner Schuld als annihilatio anerkennt, ist er gerechtfertigt. Das Kreuz selbst ist die Rechtfertigung[106]. Diese Rechtfertigung geschieht im Bekenntnis des Unglaubens als der eigentlichen Sündhaftigkeit und im damit gesetzten Verlangen nach Erlösung[107]. Und dieses Bekennen ist kein intellektuelles Sagen, sondern ist Bekennen als eine wirkliche existentielle Verwandlung. Indem der Mensch seine Sünde bekennt, gibt er sich auf und überantwortet sich vertrauend in den Willen Gottes. Aus „reuigem Herzen" und „herzlicher Betrübnis"[108] gibt er seine Selbstbehauptung, seine wider Gott strebende Natur preis[109], er läßt sich von der Welt lösen[110], er wird „gelassen"[111], ja, er wird „dem Leben feind"[112], auf daß er „an keiner Kreatur, sondern an Gott alleine sollte sicher"[113] sein. Indem sich der Mensch dem Gericht des Kreuzes unterstellt und es anerkennt, wird er der Sünde feind[114], er kann mit „sicherem", mit „gutem, reinem, friedsamem Gewissen" leben[115]. Positiv gewendet heißt das: durch die rechtfertigende Kreuzerfahrung wird der Mensch Bruder Christi, wird er Gottes Sohn[116]. Indem er mit Christus gekreuzigt ist, steht er mit ihm wieder auf, die Glaubenden werden „vergottet", sie sollen „Götter werden", auf daß „das irdische Leben schwenke in den Himmel"[117].

Bekenntnis und durch Gott gewirkte Verwandlung des Menschen spielen ineinander, sie sind nicht als zwei Momente gegeneinander abgehoben, sondern unreflektiert einheitlich gedacht. Die iustificatio im Bekenntnis ist auch schon sanctificatio[118]. In der Rechtfertigung wird der Mensch erneuert[119], wird er in einen neuen Stand vor Gott gesetzt und kommt damit in einen neuen Stand zu sich selbst und zur Welt. Die Rechtfertigung ist effektive, den Menschen umwandelnde Rechtfertigung. In welchem Sinn Müntzer diese Erneuerung versteht, wird noch zu erörtern sein.

Seine Kreuztheologie beschreibt er mit mystischen Kategorien. Mensch und Seele werden „leer", im „Abgrund" der Verzweiflung bekennt sich der Mensch als Sohn Gottes, erst wenn er sich „entworden" ist, kann er wissen, was von Gott oder vom Teufel ist, kann er glauben[120]. Müntzer spricht auch davon, daß das Gewissen zur „Erklärung der Gnade" treibe, die schon vorher in der Seele des Menschen war[121], daß der Heilige Geist den Gekreuzigten in uns erkläre[122]; er spricht von der „Ordnung Gottes in alle Kreaturen gesetzt", von dem „Ganzen als dem einigen Weg aller Teile"[123]. M. E. kann das, zumal angesichts der zahlreichen Äußerungen über Sünde und Gewissen und über das Handeln Gottes, nicht so interpretiert werden, daß hier eine Göttlichkeit der menschlichen Natur behauptet werde. Zweifellos ist hier eine antidualistische mystische Tendenz bei Müntzer wirksam, für die Einheit und Ganzes wesentliche Kategorien sind. Aber diese Tendenz ist nicht die dominierende. Die Einheit des Menschen mit Gott ist wesentlich ursprüngliche, schöpfungsmäßige Übereinstimmung. Es geht darum, daß Gott das ursprünglich Schöpfungsgemäße im Menschen erneuert und daß er, im Sinn der personalen Aneignungsmöglichkeit des Menschen, an dessen personale Struktur anknüpfen kann. Der Mensch wird nicht aus einem metaphysischen Leiden an seiner ontologischen Position, sondern aus der Qual des Gewissens erlöst. Das Heil ist — trotz der mystischen Terminologie — nicht in einer substantiellen Identität des Menschen mit Gott zu sehen, sondern in der personalen Übereinstimmung seines Willens mit dem göttlichen Willen, in der Gottessohnschaft. Denn diese Gottessohnschaft des Menschen ist nur möglich, indem der Mensch christförmig wird, das heißt sich mit Christus kreuzigen läßt und darin die innere Erfahrung der Sünde, des Leidens an der Sünde und der Rechtfertigung macht[124]. Das allein ist der Sinn von Müntzers Kreuz- und Leidenspredigt[125].

Gegen die Objektivität der imputierten Rechtfertigung wird die Subjektivität der erfahrenen, der effektiven Rechtfertigung gesetzt, gegen das Ereignis außer uns steht der Vorgang in uns. Auch hier läßt sich das Wesentliche in Kategorien der Zeit sagen: Nicht ein objektives Heilsfaktum, das geschehen ist, ein perfektisches, ein petrifiziertes Kreuz ist entscheidend, sondern ein Vorgang, der jetzt geschieht[126]. Der Mensch wird mit Christus gleichzeitig. Und die eschatologischen Verheißungen, Seligkeit und Reich Gottes, sind nicht erst zukünftig, sondern schon jetzt gegenwärtig in uns[127]. Der Christus für uns ist wirklich nur als Christus in uns, Christi Leiden für uns nur wirklich als Christi Leiden in uns. Darum kann auch die Taufe als Taufe der Neugeborenen keine Wirklichkeit haben, sie bleibt opus operatum, bloß objektiver und schlechthin äußerlicher Akt, oder — auf seiten der Mithandelnden — bloß intellektueller Akt. Die wahre Taufe kann allein aus dem Glauben, aus dem Bekenntnis der Sünde und der erfahrenen Erneuerung stammen[128].

Wenn die Rechtfertigung nicht mit dem gewesenen objektiven Heilsfaktum geschieht, das nur angenommen werden muß, wenn sie vielmehr als innerer Vorgang geschieht, nicht als psychische Entwicklung, sondern als Gottes Handeln an und mit dem Menschen, aber eben doch als innerer Vorgang, so entsteht die Frage nach der Funktion Christi für die so gefaßte Rechtfertigung. Müntzer hat diese Frage nicht eigens reflektiert, er geht über ihre Schwierigkeiten hinweg. Immerhin, einiges ist deutlich. Christus ist keineswegs — moralisch oder religiös, täuferisch oder aufklärerisch — Vorbild, das Nachahmen liegt der Müntzerschen Nachfolge ganz fern. Er ist auch nicht mystisch-metaphysisches Symbol, obschon mit der Abschwächung der objektiven Heilstat seine historische Existenz unwichtiger zu werden scheint. Christus ist vielmehr Urbild und Ursprung der Rechtfertigung und Heilserfahrung des Menschen. Nur an ihm erfährt sich der Mensch vor Gott und kommt darum in eine neue Lage, die eben seine wahre Lage ist. Das hier entspringende Vertrauen in Gott weiß sich in und durch Christus berechtigt. Insofern ist er Erlöser[129]. Man kann nicht unterscheiden, ob der Mensch objektiv durch den geschichtlichen Christus oder subjektiv durch sein eigenes erlebtes Kreuz erlöst wird: eine solche Alternative und solche Kategorien sind schlechthin unangemessen. Das je meinige Kreuz bleibt auch für Müntzer unverzichtbar auf Christus bezogen wie dieser auf das Kreuz des einzelnen. Die Predigt verweist immer und allein auf das „totgeschlagene Lämmlein" und seine Heilstat, Christus ist der Erstgeborene unter Gottes Söhnen, er ist, das ist noch selbstverständliche Tradition, Gottes Sohn von Natur, während die Christen es durch Gnade sind[130]. Auch die Ansätze zu einem universalen Theismus, die These, daß die Türken wie alle Menschen die Anfänge des Christenglaubens haben[131], entmächtigen den Bezug auf Christus nicht, nur die Anfänge sind vorgegeben, gleichartige Erfahrungsgrundlagen und Verstehensmöglichkeiten, aber das Heil, der an Christus erfahrene Umschlag des Kreuzes in die Rechtfertigung liegt außerhalb dieser Anfänge[132].

Auch bei Müntzers Kreuztheologie leuchtet trotz mancher Differenzen die Nähe zu Luther unmittelbar ein, zu Luther, dessen Theologie wesentlich zugleich Anthropologie ist, zu Luther, dessen Theologie theologia crucis ist. Luther hat, zum Beispiel in den Operationes in Psalmos, die Müntzer vermutlich gekannt hat[133], die Anfechtung der Bußpsalmen in voller Schärfe auf Christus bezogen und das Kreuz Christi wiederum tropologisch auf das Kreuz des einzelnen Christen. Er hat die Rechtfertigung als abnegatio nostri, als dialektische Einheit von Töten und Lebendigmachen, von Gericht und Begnadung aufgefaßt, und das ist für ihn nicht eine seelische Umwandlung, sondern ein Schöpfungsakt Gottes. Die agnitio peccati gibt Gott recht und macht, indem sie ihn als Maß des Handelns erkennt, frei vom Maß des Ich, in ihr wird der Mensch gerecht[134]. Auch Luther kann sagen, daß jeder Gottes Sohn ist, der an ihn glaubt, daß die Glaubenden wahrhaftig Götter sind[135]. Und trotz des Akzentes auf dem objektiven, dem perfektischen Heilsgeschehen[136] bleibt die Rechtfertigung bei Luther personale Rechtfertigung, sie bleibt an ihrem Ausgangspunkt, dem schuldigen Subjekt, orientiert, sie geht nicht in der Objektivierung der Imputationstheorie auf, sie ist auch wirkliche Hinwegnahme der Sünde, effektive Rechtfertigung — freilich nicht in einem substantiellen Sinn, sondern in einem personal-relationalen: Die Sünde ist hinweggenommen im Sein vor Gott und in Hoffnung. Der Christus für uns enthält, so sehr seine Objektivität außer uns betont wird, auch das Moment des Christus in uns[137].

Müntzers Kreuztheorie ist im Ansatz durchaus lutherisch, auch sie ist ein Versuch, das Gottesverhältnis von jedem objekthaften Charakter und von der Umklammerung durch eine philosophische Lehre zu befreien. Auch Müntzer steht dabei auf dem Sola gratia. Die von Luther verspottete Bereitung zum Glauben ist nicht eine Leistung des Menschen, ist nicht selbstgewählte Askese und frommes Werk[138]. Die Übernahme des Kreuzes Christi ist nicht imitatio, der Mensch bildet nicht Christus in sich hinein, sondern Gott setzt ihn — im Anblick Christi — in die gleiche Lage, Gott schickt ihm das Kreuz. Und die Erfahrung des Kreuzes ist die Gewissenserfahrung, die niemals selbstgewählt, niemals esoterisch verdienstlich ist. Wenn Müntzer gegen die Entgegensetzung von Glauben und Werken polemisiert, so stellt er darauf ab, daß der Glaube selbst ein Werk, aber eben Gottes Werk ist[139], nicht ein bloßes — menschliches — Fürwahrhalten, sondern ein — göttliches — Um- und Neuschaffen. Schon gegen seine Zwickauer Gegner hat Müntzer schroff einen antipelagianischen Standpunkt zur Geltung gebracht[140]; und dieser Standpunkt hält sich durch. Christus macht seine Erwählten zu Lämmern, und sie müssen bekennen, daß er es allein getan hat[141], der Mensch hat keinen Glauben, Gott selber gebe ihm ihn denn[142]. Der Glaube ist ein „unmögliches" Werk, er hält uns unmögliche Dinge vor[143], er ist also dem Menschen in keiner Weise verfügbar. Die Kraft Gottes ist es allein, die den gedichteten heimlichen Unglauben, die natürliche Verfassung des Menschen, verwirft und zerbricht[144]. Auch der Begriff der „Auserwählten", so abgeblaßt er verwandt wird, deutet in diese Richtung. Luther hat in seiner Polemik gegen Müntzer[145] gemeint, Müntzer wolle mit „eigenen Werken und freiem Willen Gott versuchen und seines Werkes warten, . . . und Gott Zeit, Stätte und Maß setzen, wenn er mit uns wirken soll". Und Müntzer hat geschrieben, daß es Gott „nicht lassen" könne, dem, der seinen Unglauben bekenne und „nach dem Arzt" schreie, zu helfen, daß er das reuige Herz erhören müsse[146]. Er hat gegen Luthers Lehre vom unfreien Willen polemisiert[147], und seine Bußpredigt legt allen Akzent auf das Sollen des Menschen[148]. Aber er meint keineswegs, daß der Mensch, indem er sich zum Kreuz bereite, Gott zwingen könne und also sich selbst rechtfertige. Seine Sätze sind keine metaphysischen Aussagen, aus ihnen läßt sich keinerlei Anspruch des Menschen herleiten; vielmehr sind sie Bekenntnis des Glaubenden von der richtenden und begnadenden Tat Gottes an ihm, sind Predigt und Bußruf an die Hörer, Anspruch, sich der Erfahrung des Gerichts zu stellen und sich ihm gemäß zu verhalten[149]. Die Polemik gegen den unfreien Willen hat grade den Sinn, dem Nichtglaubenden unmöglich zu machen, sich durch Berufung auf den unfreien Willen seiner Schuld und Schuldigkeit zu entziehen[150]. Der Glaubende ist der durch Gnaden Auserwählte, der Nichtglaubende der durch Schuld Verstockte — dieses christliche Paradox ist Müntzer ganz wirklich, und zwar, weil hier nicht von natürlichen oder übernatürlichen Qualitäten von Menschen die Rede ist, weil hier nicht Freiheit und Gnade metaphysisch verrechnet werden, sondern weil es sich um personale Aussagen, um Bekenntnis des Glaubenden und Predigt an den Nichtglaubenden handelt. Gerade hierin ist er Luther nah. Freilich ist für Müntzer das Verhältnis von Freiheit und Gnade durchweg unreflektiert, und daher legen seine widersprüchlichen Aussagen Mißverständnisse nahe. Der Gegensatz Müntzers zu Luther liegt aber zunächst nicht im Sola gratia.

Wenn es Müntzer also darum geht, die Personalität der Rechtfertigung, die Personalität der Kreuzerfahrung herauszustellen und zu sichern, so stimmt er darin mit Luther überein. Aber er scheint den Luther der theologia crucis nicht zu sehen. Er deutet Luthers Theologie zurück ins Objektive. Er sieht nicht mehr die Unheimlichkeit und den tödlichen Ernst der Erfahrung, die hinter Luthers Gnadenpredigt steht und die Luther bei seinen Hörern voraussetzt und durch die Verbindung von Buße und Gnade doch ausdrücklich immer wieder akzentuiert. Müntzer sieht nur die objektiven Elemente, den Christus extra nos und die imputierte Gerechtigkeit, die dem Menschen nach Müntzers Verständnis nicht zu eigen werden kann. Dagegen also bringt er die Subjektivität zur Geltung, und zwar den unbedingten Ernst der Subjektivität. Sie muß ihr Sündersein radikal ernst nehmen, und das bedeutet für Müntzer, daß die Vergebung wirklich existentiell als Hinwegnahme der Sünde erfahren werden muß und nicht bloße Lehre bleibt. Luther scheint dieser Subjektivität gegenüber zu versagen, er erscheint als einer, der billige Gnade predigt, Gnade, die ganz umsonst gegeben wird[151], Gnade, die die Gewissen tröstet, aber alles beim alten läßt, nicht das Leben verwandelt. Es kommt aber nicht auf die billige Gnade Christi an, sondern auf die Nachfolge[152]. Nicht als ob Nachfolge dogmatisch als menschliches Werk gegen Christus zur Geltung gebracht werden sollte, aber so, daß der Mensch durch die Predigt in die Nachfolge gerufen wird. Das Evangelium ist nicht bloßer Zuspruch, wie Luther es auslegt, sondern es ist wesentlich Anspruch[153], vielmehr: Zuspruch und Anspruch sind eines, der Anspruch des Gesetzes ist gerade in der tötenden Kreuzerfahrung Zuspruch, diese Wahrheit des Evangeliums aber wird verdeckt, wenn man den Anspruchcharakter nicht ins Zentrum stellt. Müntzer sieht, wiederum antizipierend, in Luthers Predigt eine Logik der Praxis, die aus Furcht vor Werk und Gesetzlichkeit den Ernst und das Kreuz hinter den puren Trost des Evangeliums zurücktreten läßt. Das Leben bleibt unverwandelt, und der Mensch beruft sich gar in einer falschen und passiven Demut darauf, daß er ein armer, zu keinem Werk fähiger Sünder sei[154]. Gegen die einseitig frohe Botschaft und die Gefahr, sich darauf zu berufen, wird der christliche Ernst ausgespielt. „Er litt doch selbst für uns den Tod, nun zech' ich auf sein Kreide"[155], dagegen haben seit Müntzer alle Täufer und Spiritualisten polemisiert. Die Gnade ohne Anspruch, die billige Gnade, ist für Müntzer objekthaft, gegen sie bringt er die Subjektivität zur Geltung, die Rechtfertigung nicht extra, sondern intra me.

Hier zeigt sich nun wiederum, wie Müntzer in seinem Kampf gegen Luthers Objektivität die eigentlich intendierte Personalität, die ihn doch mit Luther verbindet, nicht bewahren kann, weil er sie von vornherein als Subjektivität umgedeutet und mißverstanden hat; den personalen Glaubens- und Rechtfertigungsbegriff Luthers muß er darum verfehlen. Person oder Personalität des Glaubenden, das ist bei Müntzer etwas anderes als bei Luther. Für Luther ist Person ein Sichbeziehen-Auf, Glauben ist fiducia, ist durch eine personale Struktur, durch Zutrauen konstituiert. Symbol ist Luthers Siegel, das Herz unter dem Kreuz. Müntzers Siegel dagegen zeigt das von einem Schwert durchbohrte Herz[156]. Nicht woraufhin der Mensch sieht, sondern wie er aussieht, das konstituiert ihn, nur da ist er nicht-objekhaft wirklich. In einer bloßen Beziehung vermag Müntzer das Wesen der Person nicht zu begreifen, denn für ihn ist Person substantiell, für ihn ist Person nur Subjektivität. Darum ist auch die bloße Veränderung einer Beziehung zwischen Gott und Mensch, wie sie in der Imputationstheorie ausgedrückt ist, das Von-Gott-als-gerecht-angesehen-Werden, nicht erlösend und rechtfertigend, sie verändert nicht das Wesen der Person, sie ermöglicht nicht die aus dem Ernst der Subjektivität geforderte Umkehr der Person. Alles, was Luther über die Wirkung dieser veränderten Beziehung auf die Person selbst gesagt hat, bleibt für Müntzer unzugänglich und eben unannehmbar objektiv. Gegen den relationalen Charakter der Person bringt er den substantiellen Charakter der Subjektivität zur Geltung. Müntzers Blick liegt nicht auf dem Beziehung stiftenden Wort an und für den Glaubenden, sondern auf der substantiellen, der zuständlichen Innerlichkeit selbst.

Der Wille zu gesteigerter und damit reiner Subjektivität schlägt auch hier, indem er diese Subjektivität substantiell und handgreiflich haben will, konsequent und paradox in eine gesteigerte Objektivität um. Der Glaube wird wie in der Mystik und später im Pietismus in eine Fülle von Zuständen der Innerlichkeit, in eine Fülle von Stufen auseinandergelegt[157], von diesen Stufen der „Ankunft des Glaubens" muß der einzelne Rechenschaft geben können[158], im gegenseitigen Vergleichen dieser Rechenschaften wird der Glaube etwas Aufweisbares. Der Anspruch des Glaubensernstes objektiviert sich zu einem Gesetz über die Stufen des Glaubens: aus einer Beschreibung der Trübsal und der Verzweiflung als Eingang des Glaubens wird ein Gesetz, das Trübsal zur Vorbedingung des Glaubens macht[159]. In der Polemik gegen die Taufe der Neugeborenen[160] fordert Müntzer die Taufe auf Grund eines aufweisbaren Glaubens, der nicht mehr allein in Hoffnung lebt, sondern sich selbst objektiviert und damit freilich in Gefahr gerät, verfügbar zu werden. An die Stelle der unsichtbaren lutherischen Zuversicht tritt die Reflexion auf die Innerlichkeit und das Bewußtsein substantiellen Geist- und Gnadenbesitzes, an die Stelle einer personalen Kategorie tritt eine objektive, eine subjektiv gemeinte, aber in Wirklichkeit objektive Kategorie[161].

Indem die Glaubenserfahrung nicht den Menschen in eine neue Beziehung setzt, sondern den Charakter einer substantiellen Verwandlung der Person annimmt, wird sie aus einem ständigen, jeweils sich erneuernden Geschehen zu einem prinzipiell abschließbaren Vorgang[162]. Der Stand des Christen kann nicht mehr durch die Bekenntnisformel: simul iustus simul peccator angegeben werden. An die Theologie der Rechtfertigung, für Luther die allein mögliche Theologie, schließt sich bei Müntzer eine

Theologie des Gerechtfertigtseins an. Die Vergebung ist nicht mehr selbst zentral, sondern wesentlich Grundlage, Voraussetzung der Nachfolge. Der Gerechtfertigte ist nicht mehr im radikalen Sinne wie bei Luther Sünder. Die Einheit von Sündenbekenntnis und Erneuerung löst sich auf. Das Sündenbekenntnis wird — prinzipiell — abschließbar, die Erneuerung wird nach verschiedenen Seiten hin entfaltet und objektiviert. Der Gerechtfertigte, der wahrhaft Glaubende, ist durch eine Fülle von Eigenschaften charakterisiert, er ist ein verwandelter Mensch, er hat eine neue nicht-„fleischliche" Gesinnung. Und obwohl Müntzer natürlich sieht, wie problematisch das Erkennen des Glaubens aus Äußerung und Handeln ist, hält er daran fest, daß die neue Gesinnung ein aufweisbar Vorhandenes ist[163]. Die „Auserwählten" können von den „Gottlosen" gesondert werden[164]. Müntzer widerspricht Luthers Rechtfertigungstheorie, weil die imputatio die iustificatio von der vivificatio, der sanctificatio zu lösen schien und darum unaufhebbar objektiv blieb. Rechtfertigung aber ist prinzipiell Heiligung, ist sanctificatio[165], ist vivificatio. Nur dann kommt der unbedingte ethische Ernst der Subjektivität zur Geltung. Indem Müntzer aber die vivificatio, die sanctificatio in die iustificatio hineinnimmt und sie greifbar an die iustificatio anschließt, verfällt er in eine neue und viel massivere Objektivität, die seinem substantiellen Personbegriff entspricht. Die Heiligung rückt nicht nur ins Zentrum der Predigt, sondern sie wird aufweisbar, objektiv, und sie wird unverlierbar, wird gesichert. Sie beweist sich in der Lebensgestalt des Menschen. Darum läßt ein Leben Rückschlüsse auf den Glauben zu, Luthers Glaube ist, weil er für Müntzer in unaufhebbarer Diskrepanz zur Lebensführung stehen muß, eitler Glaube[166]. Die Rechtfertigung als imputatio, als bloße Lehre, läßt den Glauben ohne Werke, ja entbindet den Menschen lediglich zur Freiheit der Willkür. Erst vom Standpunkt der objektivierten Heiligung her kann gegen die Sünder als die schuldhaft Glaubenslosen gestritten werden.

Die Theologie des Gerechtfertigtseins hat also für die Gestaltung des christlichen Lebens außerordentliche Folgen. Indem der zentrale Prozeß zwischen Gott und der Seele abschließbar geworden ist, tritt nun das Thema Seele und Welt, Gott und Welt in den Vordergrund. Auch hier ereignet sich wieder eine merkwürdige Verschiebung. Die Kategorie Geist und die besondere Fassung der Kreuzerfahrung akzentuieren die personale Beziehung zwischen Gott und Mensch, den lutherisch-anthropologischen Zug der Müntzerschen Theologie, so daß konservative Theologen darin geradezu eine Schmälerung der Allmacht Gottes sehen können[167].

Indem aber die abgeschlossene Rechtfertigung als Heiligung charakterisiert ist, tritt nun die Glorie und die Souveränität Gottes über die Menschen und die Welt, die Kluft zwischen Mensch und Gott, wie sie ein Merkmal der reformierten Theologie ist, mit aller Kraft in den Mittelpunkt.

Aus der Theologie des Gerechtfertigtseins ergeben sich noch weitere Konsequenzen. Das Evangelium als Anspruch formt bei Müntzer nicht nur die besondere Struktur der Rechtfertigung als Erneuerung, sondern es bleibt als Anspruch auch erhalten. Heiligung ist nicht nur Erfahrung, sondern auch Aufgabe, nicht nur Indikativ, sondern auch Imperativ. Die dialektische Einheit von Indikativ und Imperativ, wie sie die neutestamentliche Predigt bestimmt, verschiebt sich, ja löst sich auf. Sie wird Müntzer unter der Hand zu einem zeitlichen Nacheinander. Weil die Rechtfertigung, der Indikativ, objektiviert ist, wird der ihr korrespondierende Imperativ isoliert und freigesetzt, er wird zum dominierenden Topos der Müntzerschen Theologie. Luther gilt als der Verfechter eines bloßen Indikativs, weil Müntzer, wie schon mehrfach beobachtet, das, was bei Luther in dialektischer Einheit zusammengebunden ist, Indikativ und Imperativ, nicht zusammenzuhalten vermag, weil er es auflöst.

Müntzer hat daher die Lehre vom Gesetz als ein Zentralstück seiner Theologie entwickelt[168]. Die antigesetzliche Interpretation des Paulus wird bestritten, sie ist ein Werk der Schriftgelehrten, Christus hebt das Gesetz nicht auf, sondern er vollendet es. Gesetz und Gnade sind eins, das Gesetz entsetzt den Menschen in der Gewissenspein und bringt ihn auf seinen Grund, zum Bekenntnis der Sünde und damit zur Gnade. An die Stelle des dialektischen Verhältnisses von Gesetz und Evangelium tritt eine unterschiedslose Einheit. Der Mensch wird zwar nicht gerechtfertigt dadurch, daß er das Gesetz erfüllt, aber dadurch, daß er in der Qual des Gewissens sein Nicht-Erfüllen als Sünde bekennt, damit aber dieser Sünde abgewandt wird. Das Gesetz selbst ist Gnade, ist Rechtfertigung.

Die Abschließbarkeit der Rechtfertigung nun ermöglicht dem Auserwählten das Befolgen des Gesetzes. Dieses Gesetz gilt für ihn aber auch in voller Strenge weiter, und zwar eben als Gesetz. Bei Luther ist das Leben des Christen bestimmt vom spontanen Tun der Liebe, nur so kann jeder Anschein von Leistung ferngehalten werden. Auch bei Müntzer geschehen die Werke des Gesetzes nicht zur Seligkeit, sondern aus Seligkeit, aber es gibt für ihn nicht mehr die Sorge um Leistung und selbstgerechten Anspruch, die Sorge Luthers, das Gottesverhältnis aus Gnade und Zutrauen durch ein Gesetz zu verdecken. Müntzer meint, alle Verdienstlichkeit von Werken durch seine Kreuztheologie entmächtigt zu haben und darum die Bedeutung der Werke nun anders und neu etablieren zu können. Der Imperativ tritt nach der Rechtfertigung erst recht und in voller Schärfe in Geltung. Der Auserwählte muß „mit Zucht Gottes Werk in Achtung" halten[169]. Ohne das Gesetz entzieht sich der Mensch dem Anspruch des Evangeliums und wird wie Luther „sanftlebendes Fleisch". Der Auserwählte muß aus dem Widerspruch gegen alle Weltverfallenheit leben, das ist der Kern des Gesetzes, von daher empfangen alle Einzelnormen ihren Sinn. Freilich ergibt sich bei Müntzers ambivalenter Stellung zur Bibel ein gewisses Schwanken, manche Normen werden biblizistisch begründet und zum Gesetz erhoben, während andere biblische Normen gerade dahinfallen. Im ganzen ist Müntzers Gesetzespredigt von einem stark asketisch-puritanischen Ethos bestimmt[170].

Die Strenge der christlichen Subjektivität und die Objektivität eines christlichen Gesetzes schlagen so ineinander. Die Sichtbarkeit, die Erweisbarkeit des Geistes und des Glaubens im Werk entfesselt eine intensive christliche Aktivität[171], die sich als schuldiges Leisten des gebotenen Gehorsams, als selbstverständliche Konsequenz geschehener Rechtfertigung versteht. Die Heiligung als Aufgabe ist ermöglicht, weil Heiligung in der Rechtfertigung schon Tatsache ist. Darum ist sie wesentlich nicht — wie bei Erasmus oder Calvin — Fortschreiten zu einem idealen Ziel, sondern sie ist auch in Gänze schon da, sie ist radikaler Umschwung, sie ist Auswirkung einer vollzogenen und abgeschlossenen inneren Revolution, von daher hat sie ihre Intensität, von daher stammt der unlutherische, aber noch nicht gegenchristliche Aktivismus bei Müntzer.

Die Theologie des Gerechtfertigtseins ist so auch Theologie der aufgegebenen Heiligung unter dem Gesetz. Ethos und Telos dieser Theologie ist die Verchristlichung der Welt, und das nun ist für das Problem der Revolution von entscheidender Bedeutung. Bei Luther ist eine Verchristlichung der Welt ausgeschlossen, weil das Sündersein unaufhebbar und das Christsein unsichtbar ist und weil Person und Amt, das Sein coram deo und coram mundo, das Sein in den beiden Reichen also, voneinander geschieden sind. Dagegen protestiert Müntzer[172]. Da es für ihn aufweisbare Christen gibt, gibt es auch eine aufweisbare christliche Lebensgestaltung. Zudem steht für ihn nicht mehr die Auseinandersetzung mit dem Katholizismus um die Tröstung der Gewissen, um den Frieden des Menschen mit Gott im Zentrum, sondern das Problem der zweiten Generation, die Aufrichtung einer evangelischen Lebensordnung. Die bei Luther anhebende Entbindung der Vernunft zur Ordnung der Welt ist für ihn unvollziehbar. Wie er divinatorisch in Luther die Lehre der Orthodoxie über Schrift und Rechtfertigung hineingesehen hat, so sieht er hier in Luther den Verfall eines Luthertums hinein, das sich mit Glauben und Rechtfertigung eine christliche Innerlichkeit schafft, sich aber in der unchristlichen Welt quietistisch einrichtet. Es ist der Widerspruch gegen die antizipierte Verbürgerlichung des Christentums, der Protest gegen die Entschärfung des christlichen Widerspruchs gegen die Welt, gegen den Kompromiß mit der Welt. Auch darum wird Luther das „sanftlebende Fleisch zu Wittenberg".

Die Heiligung des Lebens ist nicht auf den individuellen Lebensbereich eingeschränkt, sondern erfaßt wie selbstverständlich auch die sozialen und politischen Bezüge. Heiligung geschieht nicht neben der Welt, sondern in ihr. Den Rückzug auf einen privaten Bereich gibt es nicht. Christliche Lebensgestaltung ist christliche Weltgestaltung. Die Welt ist nicht lutherisch als Schöpfung hinzunehmen, als verderbt dem Teufel zu überlassen oder vergebend zu lieben, sondern sie ist zu verändern, damit Gottes Herrschaft in ihr wirklich wird. Diese Veränderung ist nicht in ein unbestimmtes Jenseits zu vertagen, sondern sie ist jetzt und hier zu realisieren[173]. Und dieser Anspruch läßt sich nicht sektenhaft auf Teilbereiche abdrängen, auf eine Sonderwelt der Erwählten, wie sie sich später die Täufer geschaffen haben, sondern er ist universal. Er muß also — anders als bei Zwingli oder Bucer — total und radikal verstanden werden: die Verchristlichung der Welt ist ein revolutionäres Ereignis.

Der revolutionäre Charakter der Verchristlichung wird nun durch ein weiteres und neues theologisches Argument besonders akzentuiert. Für Luther ist eine christliche Ordnung auch deshalb nicht möglich, weil die Christen „seltene Vögel" sind. Für Müntzer kehrt sich das Verhältnis um. Es gibt nur wenige Christen, weil die herrschende Sozial-Ordnung das Christsein verhindert. Sie bindet den Menschen so in das Getriebe der Welt, daß er nicht zu seinem Heile kommen kann. Das Haften an Gütern und Ehren schließt den Glauben an Gott aus[174], das ist die traditionelle christliche Kritik am Reichtum. Aber neben sie tritt nun entscheidend die Kritik an der Armut. Der ökonomische Druck, das „Schinden und Schaben" der Fürsten und Herren knechtet den armen Mann, zumal den Bauern, in die „Bekümmernis der Nahrung", die Sorge um die bloße Bedürfnisbefriedigung[175]. Er lernt nicht die Bibel lesen, die, wie dargelegt, auch für Müntzer ihre

Bedeutung behält, und er wird durch das äußere Leiden, das ihn in Atem hält, am verzehrenden Leiden des Gewissens gehindert[176]. Gerade weil Müntzer nicht wie seine täuferischen Nachfahren das äußere Leiden ideologisiert, weil seine Kreuzestheologie nicht das Alltagsleiden, sondern das Leiden an der Selbstverfehlung meint, kann aus ihr die Kritik der Armut entspringen. Theologia crucis ist bei Müntzer nicht mehr primär theologia pauperum, derart, daß der Arme per se dem Kreuze besonders nahe wäre[177]. Die Armut verstrickt den Menschen in die Welt, so daß er sich nicht der Welt und „den Lüsten … entfremden" kann[178], damit aber wird der Mensch durch die Armut seinem Heil — nun in potenzierter Weise — entfremdet. Erst eine christliche Neuordnung der sozialen Verhältnisse schafft die Möglichkeit, daß eine Mehrzahl von Christen existieren kann. Sie muß also ihre eigene Voraussetzung selbst erst ermöglichen. Und diese Neuordnung kann allein von einer Minderheit getragen werden, das verweist auf die notwendige Revolution. Natürlich ideologisiert Müntzer die Realität, die Lage gerade der mitteldeutschen Bauern entsprach keineswegs der These, daß das Christsein für sie unmöglich geworden sei. Aber es ist für Müntzer ungemein bezeichnend, daß er Sozialprobleme unter den Aspekt der Entfremdung rückt. Damit bekommt ein sozialer und ökonomischer Umsturz Grund und Ziel im Theologischen. Die Theologie des Kreuzes schließt die Revolution nicht aus, sondern fordert sie gerade.

Die theologisch geforderte Verchristlichung der Welt kehrt ihre Spitze endlich auch gegen die politische Ordnung. Die „Regenten" verwerfen, jedenfalls in ihrer Mehrzahl, Christus; sie haben nicht den wahren Glauben, wollen aber den Glauben „regieren", sie begünstigen damit den Unglauben, ja verhindern den wahren Glauben und betrügen so die Welt um Christus[179]. Auch aus diesen Gedankengängen bildet sich bei Müntzer — allmählich —[180] die Überzeugung von der Notwendigkeit revolutionärer Neuordnung[181], die das Christsein allererst ermöglichen soll.

Wie Müntzer sich inhaltlich die soziale Neuordnung vorgestellt hat, läßt sich nach den Quellen nicht im einzelnen genau angeben. Für die grundsätzliche Frage nach dem Verhältnis von Theologie und Revolution kann es nur auf die Umrisse ankommen. In der Überlieferung gilt sein Programm als kommunistisch. Ein Artikel seines Bundes sei, so hat er auf der Folter bekannt, der Grundsatz der Urgemeinde gewesen, omnia sunt communia[182], ein Satz, der ja bei vielen Zeitgenossen, wie bei Erasmus, bei Thomas Morus oder bei Eberlin von Günzburg in der Wolfaria, als ideale

Maxime galt[183]. Eine explizite Begründung gibt Müntzer nicht, keinesfalls entspringt die Gütergemeinschaft einfach biblizistischem Denken, vielmehr ist sie als Widerpart der Eigensucht Gestalt und Ausdruck der das Leben des Auserwählten bestimmenden Liebe, ein Zeugnis also für den Vollendungsaspekt, unter dem die Auserwählten gesehen sind. Nicht Gütergemeinschaft, sondern Brüdergemeinschaft ist das Primäre. Im einzelnen ist hier vieles unklar. Den Fürsten und Herren zum Beispiel werden, sofern sie sich der Neuordnung nicht widersetzen, doch bestimmte Besitz- und Ehrenrechte zugesichert, mit schöner Handgreiflichkeit angegeben durch die acht, vier oder zwei Pferde, mit denen sie reiten dürfen[184], Zusicherungen, die als bloße Taktik zu deuten mir nicht angängig scheint. Im ganzen ist aber die Frage nach dem mehr oder weniger ausgesprochenen Kommunismus der neuen Sozialordnung relativ müßig. Deutlich ist jedenfalls als Ziel die ökonomische Entlastung der unteren Schichten[185] und die Ablösung der herrschaftlichen Ordnung durch eine gemeindlich-demokratische. „Die Christenheit solle ganz gleich werden", und diejenigen Fürsten und Herren, die „dem Evangelium nicht beistehen" wollten, sollten vertrieben (oder totgeschlagen) werden[186]. Der Grund für diese Forderung der Gleichheit liegt meines Erachtens nicht schon in der Geisttheologie; er liegt vielmehr in der Objektivierung des subjektivierten Glaubens und der daraus folgenden Ablehnung jeder Trennung zweier Reiche. Wo der Glaube sich nicht neben der Welt einrichtet, sondern nach seinem Maße sie umgestaltet, und wo er grundsätzlich als vollendet gedacht wird, da muß die Gleichheit vor Gott auch politisch in der Gleichheit der Rechte wirklich werden, muß die Liebe die Weltordnung bestimmen. Und diese Liebe ist nicht wie bei Luther unter dem Aspekt einer Väterordnung, sondern allein unter dem der Brüderordnung gesehen. Der hier implizierte Begriff der Obrigkeit stammt bei Müntzer allein aus seinem theologischen Ansatz. Er liegt jenseits aller mitteldeutschen Anschauung. Durch die Betonung des sozial Egalitären unterscheidet er sich aber auch von der aristokratisch orientierten und darum politisch zunächst allein aussichtsreichen Sozialgestalt des Calvinismus.

Wie aber geschieht die Umgestaltung der Welt? Müntzer antwortet taboritisch: durch aktiven Sturz des Systems, durch Gewalt. Luther lehnt jede christlich-revolutionäre Gewalt ab. Das Wort wird es allein und ohne Hand tun. Gottes Wille waltet — das ist wieder Luthers Positivismus — in Ordnung und Lauf der Welt, und es ist Liebespflicht, sich in eine bestehende Ordnung, in eine größere Mehrheit einzufügen. Der unbedingte Widerspruch gegen die Gewalt stammt aus der Nächstenliebe. Das nun ist für Müntzer Ideologie. Es ist die Klugheit „der Zärtlinge", die sich „mit der Liebe des Nächsten in ihrer Heuchelei pflegt . . . aufs visierlichste zu schmücken"[187], sie sanktioniert im Namen der Nächstenliebe das bestehende Unrecht und macht so gerade die wahre Liebe unmöglich. Auch Luthers Dialektik von christlicher Freiheit und weltlichem Gehorsam ist für Müntzer Ideologie, da sie faktisch nur von den Beherrschten Gehorsam fordert, den Herrschenden aber Freiheit läßt[188] — eine Auffassung, die freilich Luthers Amtsethos ebenso übersieht wie seine Überzeugung von der unaufhebbaren Geschichtsmacht des Teufels. Die in diese Richtung zielende marxistische Lutherkritik ist bei Müntzer weitgehend vorgebildet, Ideologiekritik erweist sich bei ihm als typisches Merkmal der Revolution. Gegen Luther setzt Müntzer das „Gewaltrecht der Liebe" (Bloch) und legitimiert es theologisch: nicht durch das Wort allein, sondern nur durch Gewalt schafft sich die Liebe Möglichkeit und Tatraum, nur die Gewalt wird die unchristliche Ordnung ändern[189]. Zugleich und fast ungeschieden ist die Gewaltpredigt freilich durch die rächende Allgewalt von Müntzers objektiviertem Gesetzesgott bestimmt[190]. Die Ausweisbarkeit des Glaubens und damit die Erkennbarkeit der Auserwählten macht den Kreis derer, die Gewalt im Namen der Wahrheit üben sollen, greifbar und damit die Anwendung der prinzipiell legitimierten Gewalt auch tatsächlich möglich.

Diese Theorie der Gewalt hat Müntzer, das kann hier nicht verfolgt werden, erst allmählich entwickelt[191]. Aus dem Widerstandsrecht gegen eine Unterdrückung evangelischer Predigt wird die Aufforderung an die Obrigkeit, die Freiheit der Predigt mit Gewalt zu schützen, wird das Recht zum Bildersturm und schließlich — in der Auseinandersetzung um die Mühlhausener Stadtverfassung — das Recht zur politisch-sozialen Revolution, zum offensiven Heiligen Krieg gegen die Gottlosen. Während anfangs kirchliche Angelegenheiten sich zu politischen ausweiten, wird zuletzt ein Politikum zur Sache des wahren Glaubens. Je schärfer die Umstände Müntzer in eine Gegenstellung gegen die offizielle kirchlich-politische Welt hineintreiben, desto überflüssiger wird ihm jede Anpassung an die Welt, desto radikaler der Ausbruch der Hoffnung auf die Verchristlichung der Welt. Indem Müntzer die widerstandsrechtliche Argumentation wie auch die Theorie von der Wiederherstellung eines früheren Zustands hinter sich läßt, steht er auf dem Boden der modernen Revolution. Zugleich verschiebt sich, das hat Hinrichs herausgearbeitet, die Anschauung vom Träger der Gewalt. Bis zum August 1524 hat Müntzer gehofft, Friedrich den Weisen und dessen Bruder Johann gewinnen zu können, zumal die gewissenhaften und Gottes Führung im Geschichtsprozeß erwartenden Fürsten zögerten, Müntzers Anspruch auf die rechte Auslegung der christlichen Wahrheit zu verwerfen. Erst als sie sich gegen ihn entschieden, wird die virtuelle Kritik an den Fürsten aktuell und revolutionär[192], wird das Volk Träger der Gewalt. Müntzers Stellung zum Volk ist ambivalent. Die Selbstentfremdung innerhalb der herrschenden Sozialordnung und der falschen Kirche hat ein grobes und unreifes Volk erzeugt[193]. Müntzer hat niemals wie Karlstadt oder Hugwald die Bauern romantisch idealisiert. Aber die Unmittelbarkeit des Geistprinzips radikalisiert das allgemeine Priestertum, sie stellt — begünstigt durch Müntzers Anti-Gelehrten-Affekt —[194] den Laien in den Mittelpunkt der Kirche, hier kann Müntzer an spätmittelalterliche[195], gelegentlich ja auch von Luther vertretene Vorstellungen vom geistlichen Auftrag der Einfältigen und Kleinen — zumal in einer Verfallszeit — anknüpfen. Ebenso verweist die Idee der brüderlichen Gleichheit der Auserwählten auf das Volk. Und da gerade das Volk der Müntzerschen Predigt aufgeschlossen gegenübersteht[196], kann es stellvertretend fungieren für die eigentlichen Träger der Gewalt, die Auserwählten, und ihre Zusammenfassung in Müntzers „Bund", der ersten reformatorischen Form eines covenants. Das Niedervolk wird, das ist gegen die Marxisten zu sagen, nicht wegen, sondern allenfalls trotz seines Klasseninteresses zum Träger eines endgeschichtlichen Auftrags. In diesem Sinne kann dann das Magnificat konkret revolutionär interpretiert werden[197].

Der letzte Grund für den Übergang der Theologie in die Revolution oder vielmehr für die Aktualisierung der revolutionären Theologie liegt noch hinter allen Argumenten in Müntzers eschatologischer Erwartung[198]. Darum ist die erstrebte Neuordnung inhaltlich so unbestimmt. Denn hier geht es nicht mehr um dies und das und nicht um eine geplante Zukunft, sondern darum, daß das Andere und Neue, das Reich Gottes anbricht, es geht nicht um die Restitution der Urkirche, sondern um die reale Freiheit der Kinder Gottes, darum, daß das „irdische Leben schwenke in den Himmel", ein Zug, der ja im modernen Revolutionsbewußtsein wiederkehrt, für Hegel etwa hat die Französische Revolution im eminenten Sinne den „Himmel auf die Erde herunterverpflanzt"[199]. Dieser Himmel ist das Heil und die eigentliche Wahrheit des irdischen Lebens. Es geht Müntzer nicht um bessere Tage, sondern um das Ende aller Tage[200]. Dieses Ende aber ist, und damit unterscheidet er sich von der zeitgenössischen und auch der lutherischen Eschatologie, nicht geschichtstranszendent, sondern geschichtsimmanent, mit Hilfe der wahren Christen führt Gott es herauf. Und da sich eschatologische Verzweiflung und eschatologische Erwartung immer mehr steigern, gerät Müntzer, ähnlich wie später Campanella, in eine Art eschatologischer Zeitnot: sie zuletzt treibt ihn in die chiliastische Revolution. Die Utopie vom Frieden des Reiches Gottes rechtfertigt dann noch einmal den letzten, den Heiligen Krieg, den Vollzug von Gottes Strafgericht, den Vollzug seiner Rache an seinen Feinden, die Vertilgung der Gottlosen[201]. Der Ausbruch des Bauernkriegs ist für Müntzer eschatologisches Zeichen, kairos seiner Sendung. Nicht er hat ihn nach Mitteldeutschland getragen. Aber indem er das göttliche Recht konsequent wieder als Gleichheit auslegte und die bäuerlichen Nahziele ins Grundsätzliche radikalisierte und ins Chiliastisch-Revolutionäre umdeutete, hat er seinen Geist allerdings durchaus bestimmt. Sooft in der Historie auch die realistischen Züge in Müntzers Endkampf verkannt worden sind, am Ende bleibt die sich allem Verstehen entziehende Fremdheit des enthusiastisch-chiliastischen Glaubens als einer Kraft zum Unmöglichen.

In Müntzers Denken finden sich eine Reihe neuzeitlicher Elemente, Subjektivierung und Kritik der Entfremdung, der Wille zu revolutionärer Umgestaltung aus einem utopischen Entwurf und der Umschlag des als letztgültig ergriffenen Guten ins Zerstörerische. Historisch mündet sein Spiritualismus über Freikirchen, Pietismus und Aufklärung in die moderne säkularisierte Welt, in die Prinzipien der Vernunft, der Toleranz und der Menschenrechte. Sachlich aber ist er mit seiner totalitär theokratischen Weltgestaltung und seiner Vernichtung der Person der Moderne ferner als der konservative Luther, der — in Weltdingen relativistisch — grundsätzlich der Vernunft die autonome Weltgestaltung freigibt und der mit seinem personalen Glaubensbegriff die Person jenseits aller Objektivierung erst ermöglicht. Auch in dieser Hinsicht haben die historischen Bedingungen, landesherrliches Kirchenregiment und Freiwilligenkirche, stärker als die Theologie die verschiedene Rolle der Kirchentümer in Deutschland und Westeuropa bei der Ausbildung der Moderne bestimmt.

Anmerkungen

[1] *C. Hinrichs,* Luther und Müntzer, 1952, S. 1. Ähnlich *K. Holl,* Luther und die Schwärmer, in: Gesammelte Aufsätze zur Kirchengeschichte, I,

[7]1948, S. 425, und *H. Böhmer,* Thomas Müntzer und das jüngste Deutschland, in: Gesammelte Aufsätze, 1927, S. 222.

[2] *Holl,* S. 425.

[3] Vgl. dazu *Hinrichs,* S. 1 ff. u. ö.

[4] Über das Verhältnis von Denck und Müntzer vgl. jetzt *G. Baring,* Hans Denck und Thomas Müntzer in Nürnberg 1524, Archiv für Reformationsgeschichte 50, 2, 1959, S. 145 ff.

[5] *Gottfried Arnold* zuerst hat in seiner „Kirchen- und Ketzerhistorie", IV, 1700, Müntzer, jedenfalls in seinen theologisch-spiritualistischen Anfängen, positiv gewürdigt.

[6] Jede Darstellung einzelner Täufergruppen und ihrer Theologie verweist auf Müntzer. Der Versuch der mennonitisch bestimmten Täuferforschung, diese Beziehungen zu leugnen, muß fehlgehen, er orientiert sich einseitig an der Lehre vom inneren Wort und von der Legitimität der Gewalt bei Müntzer, ohne das Ganze seines theologischen Anstoßes in Betracht zu ziehen. Vgl. *Robert Friedmann,* Thomas Müntzer's Relation to Anabaptism, Mennonite Quarterly Review 31, 1957, und *H. S. Bender,* Die Zwickauer Propheten. Thomas Müntzer und die Täufer, Theologische Zeitschrift (Basel) 8, 1952, sowie kritisch *L. H. Zuck,* Anabaptism, Abortive Counter-Revolt within the Reformation, Church History 26, 1957. Über Huth, seine Beziehungen zu Müntzer und seinen Einfluß auf Marpeck und die Hutterer neuestens *Grete Mecenseffy,* Die Herkunft des oberösterreichischen Täufertums, Archiv für Reformationsgeschichte 47, 1956, und, wenn auch nicht ganz befriedigend, *Herbert Klassen,* The life and the teachings of Hans Hut, Mennonite Quarterly Review 33, 1959; über die Berufung der Hutterer auf Müntzer: *Lydia Müller,* Der Kommunismus der mährischen Wiedertäufer, 1927, S. 74 ff.

[7] Müntzer wird zum Beispiel zitiert in: A short history of the Anabaptists of High and Low Germany, 1642, S. 5. Ganz allgemein gilt er als Symbolfigur für die Täufer; zum Beispiel wird in einem anonymen Pamphlet von 1649 William Walwyn verglichen mit „that Arch-Anabaptist Müntzer", *W. Schenk,* The concern for social justice in the puritan revolution, 1948, S. 41. — Die Bedeutung Böhmes und damit des ebenfalls von Müntzer inaugurierten deutschen Spiritualismus für die Puritaner der Revolutionszeit ist ja bekannt.

[8] Sie knüpft bekanntlich an die „Allgemeine Geschichte des großen Bauernkriegs", 1840—1843, des Radikalen *W. Zimmermann* an.

[9] Zuletzt mit ausgebreiteter Gelehrsamkeit *M. M. Smirin:* Die Volksreformation Thomas Müntzers und der große Bauernkrieg, deutsch [2]1956.

[10] *Heinrich Leo,* Thomas Müntzer, 1856. — Auch *Ranke* hat zum Beispiel Lamennais und seine revolutionäre Theorie der Volkssouveränität mit Müntzer verglichen: Über die Paroles d'un croyant, Sämtliche Werke 49/50, 1887, S. 307. *Karl Mannheim,* Ideologie und Utopie [3]1952, S. 184 ff.

[11] Der Versuch von *H. Goebke,* Neue Forschungen über Müntzer bis

zum Jahre 1520, Harz-Zeitschrift 9, 1957, S. 1 ff., Müntzers Geburtsjahr auf 1468 vorzudatieren, bisher nimmt man 1489/90 an, und zu beweisen, daß Müntzer vor seinem Studium Augustinermönch war, ist gescheitert (leider ist auch *G. Franz* im Artikel „Müntzer", RGG IV, ³1960, Sp. 1183 ff., der Hypothese von *Goebke* zum Opfer gefallen). Die Nachprüfung der zugänglichen Quellen, zumal der Universitätsmatrikel und des Briefwechsels zwischen Georg von Sachsen und Philipp von Hessen, ergibt, daß der Verfasser voreilige Schlüsse zieht und unhaltbare Beweise konstruiert; die Quellen enthalten nichts, was dafür spräche, daß Müntzer 1506 schon Theologie studiert habe und ein entlaufener Mönch gewesen sei. Zudem ist es allgemein unwahrscheinlich, daß die Quellen von der Tatsache, daß ein so im Zentrum der Polemik stehender Mann wie Müntzer ein entlaufener Mönch und im Bauernkrieg fast 60 Jahre alt gewesen wäre, keine Notiz genommen hätten. Vgl. auch *A. Zumkeller,* Thomas Müntzer — Augustiner?, Augustiana 9, 1959, S. 380 ff.

[12] Thomas Müntzer als Theologe der Revolution, 1921, ²1960.

[13] *G. Franz,* Der deutsche Bauernkrieg, ⁴1956, S. 252 ff.; *A. Lohmann,* Zur geistigen Entwicklung Thomas Müntzers, 1931. — *E. Troeltsch,* Die Soziallehren der christlichen Kirchen und Gruppen, ³1923, S. 879, spricht zum Beispiel noch von einem bloß zufälligen Nebeneinander unverbundener Tendenzen.

[14] Das ist freilich nicht mehr so konsequent ideologisch wie bei Heinrich *Leo,* für den die subjektivistische Erweichung der Religion bei Müntzer die Auflösung aller politischen und sozialen Ordnung zur Folge hat.

[15] *W. Elliger,* Thomas Müntzer, 1960.

[16] In seiner Besprechung des Buches von *Hinrichs,* Archiv für Reformationsgeschichte 43, 1952, S. 270 ff., bemerkt *Gerhard Ritter,* daß auch nach den Analysen von Hinrichs der Gegensatz zwischen spiritualistischem Glaubensbegriff und sozial-revolutionären Forderungen noch ein ungelöstes Rätsel bleibe.

[17] *H. Gerdes* zum Beispiel, Luthers Streit mit den Schwärmern, 1955, ein wichtiges theologisches Buch, das sich wesentlich mit Müntzer befaßt, betont — von einem personalistischen Lutherverständnis her — das Gesetzlich-Objektivistische an Müntzer; *W. Maurer,* Luther und die Schwärmer, 1952, dagegen umgekehrt — von einem objektivistischen Lutherverständnis her — das Spiritualistisch-Subjektivistische seines theologischen Denkens, ähnlich die mennonitisch orientierte Täuferforschung.

[18] Auf die Entwicklung von Müntzers Theologie gehe ich nicht ein. Grundsätzlich ist seit dem Prager Anschlag seine Theologie die gleiche geblieben. Über die Verschiebungen in der Obrigkeitslehre siehe oben S. 62 f.

[19] So zuletzt noch *W. Maurer,* zum Beispiel S. 30, in Müntzer werden die virulenten Zersetzungskeime des Spätmittelalters aktuell, die reformatorischen Gedanken sind nur Einkleidung und Schlagworte für einen

ganz anderen Geist, oder S. 23, die Geisttheologie sei — gegen die Reformation gerichtet — auf dem Boden der Mystik erwachsen, sie nehme die stimmungsgemäße Ablehnung des Dinglich-Sichtbaren aus der Tradition der devotio moderna auf.

[20] So auch Holl, S. 425. — Die aufgenommenen spätmittelalterlichen Gedanken, zumal die mystischen Formeln, gewinnen durch den Bezug auf Luther eine veränderte und neue Bedeutung. Nur wenn man das immer im Auge behält, kann man Müntzer theologisch zureichend von der Mystik absetzen. *K. G. Steck,* Luther und die Schwärmer, 1955, betont S. 16, daß man gegenüber den rein antagonistischen Selbstdeutungen Luthers und der Schwärmer ihre tiefer liegende Verwandtschaft, die „ursprüngliche Ähnlichkeit" vor der dann einsetzenden „Entfremdung", die Gleichheit des Grundanliegens beachten müsse. *F. Lau,* Die prophetische Apokalyptik Thomas Müntzers und Luthers Absage an die Bauernrevolution, in: Gedächtnisschrift W. Elert, 1955, S. 163 f., spricht Müntzer ein kongeniales Verständnis Luthers und zumal seiner Kreuzestheologie zu. Die Geistlehre und die Predigt von der Verwirklichung des Reiches Gottes, die Widerstandslehre und die Vollmacht zum Aufruhr — das erst konstituiere den Unterschied zwischen Luther und Müntzer. Ich versuche demgegenüber, Müntzers Theologie einheitlicher zu interpretieren.

[21] Schutzrede, 139 f.; vgl. *Hinrichs,* S. 171. Müntzers Schriften werden zitiert nach: *Thomas Müntzer,* Politische Schriften, hrsg. von *C. Hinrichs,* Halle 1950, und zwar 1. Auslegung des zweiten Kapitels Danielis als „Fürstenpredigt", 2. Ausgedrückte Entblößung des falschen Glaubens als „Entblößung" und Gezeugnis des ersten Capitels des Evangeliums Luce als „Gezeugnis", 3. Hochverursachte Schutzrede als „Schutzrede", jeweils mit Angabe der Zeile.
Nach den in Göttingen vorhandenen Exemplaren der Erstdrucke: Von dem getichten Glauben 1524 als „Ged. Glaube", Protestation odder Empietung 1524 als „Protestation" mit Angabe des Abschnitts. Diese Schriften sind in der modernisierten Ausgabe von *O. H. Brandt* (1933) neu gedruckt. Briefe und sonstige Materialien nach:
Heinr. Böhmer und *Paul Kirn* (Hrsg.), Thomas Müntzer, Briefwechsel, 1931, als *Böhmer* mit Nummer. Liturgische Schriften nach: *E. Sehling,* Die evangelischen Kirchenordnungen des 16. Jahrhunderts I, 1902, als *Sehling.*

[22] Schutzrede, 545 f.

[23] „Äußerlich Wort": zum Beispiel Ged. Glaube, 6; Fürstenpredigt, 212 ff. Dagegen „innerlich Wort": Fürstenpredigt, 212 ff., 249; lebendiges Wort: *Böhmer,* 31; ebd. Anhang 6 (Prager Anschlag) b, 5; Geist gegen Wort: zum Beispiel Schutzrede, 9 ff.

[24] Vgl. *Ernst Kähler,* Karlstadt und Augustin, Halle 1952. Über Müntzer und Karlstadt: *G. Fuchs,* Karlstadt zwischen Luther und Müntzer, Wiss. Zeitschrift der Martin-Luther-Universität Halle, III, 1953/54.

[25] Ged. Glaube, Schluß.

[26] Entblößung, 201 ff., 419 ff.; Protestation, 9; *Böhmer,* Anhang 6 b, 5.

[27] Protestation, 13; Fürstenpredigt, 219 ff., man muß wissen, was uns von Gott gegeben sei oder vom Teufel oder von der Natur; ähnlich Ged. Glaube, 4. Für die Bedeutung der Vernunft: Schutzrede, 111 ff., Christus nahm auch die Vernunft der Gottlosen gefangen.

[28] Ged. Glaube, 8.

[29] Entblößung, 468 f.

[30] Entblößung, 169 f.

[31] Entblößung, 155 f.

[32] Über Valla: *Harold Grimm,* Lorenzo Valla's Christianity, Church History 19, 1949; über Valla und Müntzer vgl. *Böhmer,* Anhang 3 (mögliche Kenntnis von De libero arbitrio, 1516).

[33] Ged. Glaube, 14.

[34] Ein tot Ding: *Böhmer,* Anhang 6 b, 5.

[35] *Böhmer,* Anhang 6 b, 5.

[36] Die „Unwissenheit" des wahren Glaubens richtet sich gegen das Wissen des gedichteten Glaubens, das ein Gedächtniswissen ist, Ged. Glaube, 6. Man muß das Gelernte lassen, um zum Glauben zu kommen, ebd. 14. Es ist eine falsche Meinung, daß man glauben könnte, indem man an das denke, was Christus gesagt hat, Protestation, 12.

[37] Fürstenpredigt, 75 ff.; über Schriftstehlen auch Ged. Glaube, 7, 8; Böhmer, Anhang 6 b, 4.

[38] Ged. Glaube, 7; Protestation, 11, 16, 13: er läßt sich überreden.

[39] *Böhmer,* Anhang 6 b, 4.

[40] *Böhmer,* Anhang 6 b, 4. gefressen: ebenda; Protestation, 12, 16; Fürstenpredigt, 252.

[41] Fürstenpredigt, 63, 81, 88, 260; Entblößung, 435 f. *Böhmer,* Anhang 6 b, Ende.

[42] Fürstenpredigt, 252 f.

[43] *Böhmer,* Anhang 6 b, 5. Beide Bilder kehren öfter abgewandelt wieder, zum Beispiel Protestation 16: Das Wort des Glaubens ist nicht hunderttausend Meilen von ihnen; vgl. auch *Böhmer,* Anhang 6 b, 4. *Sehling,* S. 504 ff. Ordnung und Berechnung, 6, Gott ist im Menschen, nicht tausend Meilen von ihm.

[44] *S. Kierkegaards* Papirer, Kopenhagen 1909, VII A 82.

[45] Die Verwendung solcher Begriffe wie Subjektivität und Objektivität ist gewiß nicht unproblematisch; wo sie aber kritisch-reflektiert gebraucht werden, wo also von der Subjektivität die modernen Vorstellungen von Individualität und Autonomie ferngehalten werden, sind sie m. E. legitim.

[46] Das bloße Wort bleibt unerfahren, *Böhmer,* Anhang 6 b, 5.

[47] Ged. Glaube, 14: der Gottlose nimmt die Schrift über die Maßen gern an; ähnlich ebd. 6.

[48] Ged. Glaube, 14. Die Schrift-Gelehrten waren es, die sich Jesu Ruf entzogen, und zwar gerade weil sie sich auf die Schrift beriefen, Schutzrede, 38 f. u. ö., Fürstenpredigt, 450 ff.

[49] *Böhmer,* Anhang 6 b, 4. Er schreibt mit dem Griffel seines Geistes in den Abgrund der Seele, *Böhmer,* 61.

[50] Protestation, 8; Fürstenpredigt, 239 ff.; Protestation, 16: aus dem Abgrund des Herzens; Fürstenpredigt, 250: aus dem Abgrund der Seele; ebd. 30 f.: Christus pflanzt das Wort ins Herz; *Böhmer,* Anhang 6 b, 4; Gott redet in die „Leidligkeit" der Kreaturen, ebd.

[51] *Böhmer,* Anhang 6 b, 4.

[52] *Sehling,* S. 504 ff.: Ordnung und Berechnung des deutschen Amtes, 7.

[53] Zum Beispiel Fürstenpredigt, 81.

[54] Protestation, 16: da glaubt der Mensch nicht darum, daß er's von andern Leuten gehört hat, auch daß es die ganze Welt annimmt oder verwirft, ist ihm gleich. — *Böhmer,* 47: Die ganze Schrift muß in jedem Menschen wahr werden.

[55] *Böhmer,* Anhang 6 a. Gottes Wort durchdringt uns ganz und gar, *Böhmer,* Anhang 6 b, 5.

[56] Ged. Glaube, 1, 2; Protestation, 12.

[57] Schutzrede, 69 ff.: durch Traurigkeit des Herzens muß der Mensch auf seinen Grund geführt werden, um den Trost des Heiligen Geistes zu vernehmen. — Auch der Verstand muß an seine Grenzen gebracht und seiner selbst entsetzt werden, Fürstenpredigt, 225 ff., sofern er sich nämlich als Eigenes behaupten will. Eine eigentliche Anti-Vernunft-Tendenz kann ich bei Müntzer nicht feststellen.

[58] Protestation, 9; Fürstenpredigt, 450 ff.: die Schriftgelehrten haben das Wort ohne die Werke.

[59] *Maurer,* S. 23.

[60] Fürstenpredigt, 113.

[61] *Böhmer,* Anhang 6 a.

[62] Entblößung, 167 ff., 184 f. *Böhmer,* 64: der Anfang des Christenglaubens ist in den Herzen der Auserwählten auf Erden gleichförmig, darum muß auch ein Türke an einem Gespräch über die Wahrheit des Müntzerschen Glaubens, an seinem „Verhör", teilnehmen, s. o. S. 51. — Bei einem gemäßigten Spiritualisten wie Bucer ist diese Haltung theoretisch und schärfer fixiert: auch Heiden gehören zum Reich Gottes.

[63] *Holl,* S. 437, belegt, daß Müntzers inneres Wort nicht natürliches Wort ist. Er sieht es in einer Schwebe zwischen Übernatürlichem und Natürlichem, das scheint mir freilich den funktionalen und polemischen Sinn der Müntzerschen Argumente nicht genügend zu berücksichtigen.

[64] Protestation, 9.

[65] WA 12, S. 259 ff. — Der spiritualisierende, aber eben nicht „schwärmerische" Osiander konnte hier an Luther anknüpfen, wenn er in der Schrift nicht einfach Gottes Wort, sondern eben Zeugnis sah.

[66] Vgl. *H. Bornkamm,* Das Wort Gottes bei Luther, 1933, S. 33.

[67] WA 10, 3, S. 260.

[68] Nachweis bei *Steck,* S. 12. — Auch für Luther gibt es schließlich die Möglichkeit des Prophetischen, die Möglichkeit direkter göttlicher Berufung (vocatio legitima), und sein Widerspruch gegen Müntzer, das hat gerade Lau betont, ist so heftig, weil Müntzer der falsche Prophet ist. Trotzdem, das scheint mir nicht der Kern der Differenz, denn die

Bindung des Geistes an das Wort hat absoluten Vorrang, der Prophet ist Ausnahme, nicht wie bei Müntzer nahezu Regel.

[69] Historie Thomae Müntzers, 1525. *G. Franz,* Die Bildnisse Thomas Müntzers, Archiv für Kulturgeschichte 25, 1935.

[70] Vgl. Schutzrede, 55 ff. und den Kommentar von *Hinrichs;* ebd. 91 ff.; *Böhmer,* Anhang 6 b, 4.

[71] Fürstenpredigt, 4 ff.; Entblößung, 16.

[72] Vgl. *G. Ebeling,* Wort und Glaube, 1960, S. 432.

[73] *Böhmer,* Anhang 6 a; Fürstenpredigt, 135 ff., 270 ff.; *Böhmer,* 44.

[74] *Böhmer,* 84, 89, 91; Fürstenpredigt, 440, 469 ff. — *Böhmer,* 31: auch das Fegefeuer wird biblizistisch hergeleitet.

[75] Zum Beispiel Entblößung, 10 ff.

[76] Zumal Protestation, 5 ff.

[77] Die Gewaltlosigkeit der Apostel, des Petrus wird als menschliche Furcht kritisiert, Fürstenpredigt, 502 ff.

[78] *Böhmer,* 69 (Brief Grebels).

[79] *Böhmer,* 40; ebd., Anhang 6, passim; Fürstenpredigt, 131 ff., 270 ff.; Schutzrede, 428 ff., 497 ff.

[80] Entblößung, 189 f.; Fürstenpredigt, 288 ff.

[81] Fürstenpredigt, 330.

[82] Entblößung, 170 ff., Fürstenpredigt, 266 ff.; Schutzrede, 431 f.; Ged. Glaube, 2.

[83] Ged. Glaube, 12.

[84] Zum Beispiel Protestation, 9, 13; Fürstenpredigt, 24 ff.; Entblößung 644; vgl. *Sehling,* S. 504 ff., Ordnung und Berechnung, 8, die Polemik gegen das Sakrament. Vgl. auch Protestation, 5, die Polemik gegen die Taufe als opus operatum; Fürstenpredigt, 242, gegen die Verwirklichung von Natur und Gnade. Im übrigen ist die Wendung gegen die katholische Lehre in seiner Polemik gegen Luther immer implizit vorausgesetzt.

[85] In den melanchthonschen böhmischen Thesen Müntzers heißt es: omnis iustitia nostra est gratuita dei imputatio, *Böhmer,* Anhang 5.

[86] Ged. Glaube, 14.

[87] Vgl. Entblößung, 604 ff.: daß wir alle — unverwandelt — Sünder sind, wird als Entschuldigung vorgetragen.

[88] Schutzrede, 183: gedichtete Gütigkeit, vgl. Schutzrede, 213 ff. und den Kommentar von *Hinrichs;* Schutzrede, 384; Ged. Glaube, 6: erdichtete Barmherzigkeit; der Mensch hält so viel von sich selber, daß er eine natürliche Promission oder Zusage nimmt und damit den Himmel stürmen will.

[89] Fürstenpredigt, 181; zum „gemalten Männlein", ebd. 62.

[90] Protestation, 5, 13; Ged. Glaube, 10, 11: man soll den ganzen Christus haben und nicht den halben. Wer den bitteren Christus nicht will haben, wird sich am Honig totfressen. — Auch die Predigt von einem solchen Christus ist „honigsüß", ebd. 7. Der Ungläubige, der den bitteren Christus nicht will, will es allein mit „honigsüßen" Gedanken ausrichten, *Böhmer,* Anhang 6 b, 4.

[91] Ged. Glaube, 1: der Glaubende will Christus vergleichbar werden; 10: durch die Annahme eines süßen Christus will der Mensch gottförmig sein, so er „ganz und gar nicht begehrt, christförmig zu werden"; 11: wer mit Christus nicht stirbt, kann nicht mit ihm auferstehen; 14: niemand kann an Christus glauben, er muß ihm zuvor gleich werden; Protestation, 3; Entblößung, 410, 839 und öfter, Böhmer, 24: donec cognoscant crucifixum conformitate suae abrenunciationis — das ist das Ziel der Predigt; Böhmer, 41, 47.

[92] Protestation, 11.

[93] Ged. Glaube, 9; ebd. 17 ist von der „mörderischen Natur des Menschen" die Rede, vgl. auch Entblößung, 617 ff. darüber, daß wir an Christus die Sünde erkennen.

[94] *Sehling*, S. 499.

[95] Entblößung, 286.

[96] Protestation, 18.

[97] Entblößung, 287 f.

[98] Protestation, 17.

[99] Ged. Glaube, 14; *Sehling*, 497, erste Vorrede: „bis daß wir entgröbet werden von unserer angenommenen Weise".

[100] Protestation, 17; Ged. Glaube, 3 ff., 14, 17; Entblößung, 78 ff., 548 ff., 675 (Wüstenei des Herzens); unwissend und zum Narren werden: Ged. Glaube, 6; Fürstenpredigt, 225 ff.: die Polemik gegen den Verstand zielt auf den eigensinnigen, der Selbstbehauptung des Menschen dienenden Verstand.

[101] Ged. Glaube, 2, 5, 6.

[102] Entblößung, 77 ff., 86: die Furcht Gottes ist der Anfang des Glaubens, 328; *Böhmer*, 55, 57; vgl. auch ebd. 66 b, wo die Beschreibung der ungeheuren Furcht vor Gott an Luther gemahnt.

[103] Besonders zum Beispiel *Böhmer*, 57, 49; *Sehling*, S. 504, Müntzers Pfingsthymnus: ohne Gott im Menschen nur Schuld und Pein; ebd. S. 498, 2. Vorrede, hier liegt der Ton besonders stark auf dem Gewissen.

[104] Protestation, 18.

[105] *Böhmer*, 72.

[106] Vgl.: „Darüber uns nichts anders gebricht, dann daß wir unsere Blindheit nicht erkennen wollen, noch vernehmen, wenn uns Gott in die höchste Ehre durch Schande setzt." *Sehling*, S. 504 ff., Ordnung und Berechnung, 6.

[107] Im Bekenntnis des Unglaubens ist der Ursprung alles Guten, nämlich des Heils, Entblößung, 569 ff.; et hac confessione fidei sue, qua credunt corde ad iustitiam sic sanctificantur, *Böhmer*, Anhang 7; ebd. 61, die Begierde, die der Heilige Geist gepflanzt hat, kommt zum Durchbruch.

[108] Entblößung, 398; *Sehling*, S. 504 ff., Ordnung und Berechnung, 6.

[109] Fürstenpredigt, 241, 255, 280 ff. Der Wille des Menschen muß untergehen (*Böhmer*, 61) — nicht weil er Eigenwille ist, sondern weil der Mensch bekennen muß, daß er wider Gott handelt, daß er sündigt.

[110] Der Glaube überwindet die „Welt" im Herzen, Entblößung, 578. Das Herz wird von der Welt gelöst, *Böhmer*, 57.
[111] Zum Beispiel Entblößung, 674; *Böhmer*, 31: er wird der Welt und der Natur gleichgültig.
[112] *Böhmer*, 57.
[113] Ged. Glaube, 3.
[114] *Böhmer*, 49, das Gewissen treibt den Menschen zum Ekel der Sünde; Entblößung 573 ff.: Gott treibt uns von der Sünde, vom Bösen zum Guten.
[115] *Böhmer*, 57; *Sehling*, S. 499 ff., Ordnung und Berechnung, 10.
[116] Protestation, 21; Schutzrede, 72; Kinder Gottes zum Beispiel *Böhmer*, Anhang 6 a.
[117] Entblößung, 824 ff.; 229 ff.: Durch die Menschwerdung Christi „und ... von ihm selber ... sind wir vergottet ... ja wohl viel mehr in ihn ganz und gar verwandelt, auf daß sich das irdische Leben schwenke in den Himmel". Solche enthusiastischen Ausbrüche sind für Müntzer bezeichnend.
[118] *Böhmer*, Anhang 7.
[119] *Böhmer*, 61.
[120] Entblößung, 309; *Böhmer*, 6 b, 4; ebd. 31: sanctificatio primum ex voluntate dei animum evacuat; ebd. 61. Auf die vielen Belege für den Gebrauch mystischer Termini — Entgröbung, Langeweile, Verwunderung etc. — muß ich hier verzichten, vgl. die unten S. 74, Anm. 157 angegebenen Stellen.
[121] *Böhmer*, 49.
[122] *Sehling*, S. 504, Ordnung und Berechnung, 6.
[123] *Böhmer*, 61; ebd. Anhang 6 a.
[124] Nur aus der äußersten Betrübnis wird dem Glaubenden der Trost. Denn wer mit Christus nicht stirbt, kann nicht mit ihm auferstehen. Ged. Glaube, 11.
[125] Die Einbeziehung eines äußeren, gewissermaßen weltlichen Leidens ist selten, vgl. *Böhmer*, 38, 53, 64; auch hier ist der Charakter von Predigt und Bekenntnis zu berücksichtigen, das Leiden ist schon gegeben und wird erst daraufhin christlich ausgelegt. Über den Vorrang des Leidens am Gewissen vor allem Protestation, 17.
[126] Im Gefolge Müntzers werden auch andere Dogmen in dieser antiobjektiven Weise neu verstanden. *G. J. Neumann*, Rechtfertigung und Person Christi als dogmatische Glaubensfrage bei den Täufern der Reformationszeit, Zeitschrift für Kirchengeschichte 70, 1959, S. 67, zitiert aus einem Täuferzeugnis über die Erbsünde von 1551: alle Menschen müssen aus ihrer eigenen Missetat und nit durch Adams ungehorsam sterben.
[127] *Böhmer*, 13 (Brief an Luther): die bekämpfte These von Müntzers Zwickauer Gegnern ist: Eterna beatitudo non potest dici regnum fidei, quod intra nos est, cum ipsa sit solum in futura patria, hic sumus incertissimi de beatitudine nostra.
[128] Müntzers Polemik gegen die Taufe zumal Protestation, 5 ff.

[129] *Böhmer,* 55: Wir sind mit dem Blut Christi erkauft, es ist Christus, der mich erlöst hat; *Sehling,* S. 504 ff., Ordnung und Berechnung, 10: Christus ist um unserer Sünde willen gestorben, er wollte uns rechtfertigen, welches er allein tut; es ist das Ziel des Gottesdienstes, daß das Geheimnis von Tod und Auferstehung Christi betrachtet werde. — Solche Sätze sind nicht Anpassung an ein traditionelles Gemeindebewußtsein, sondern entsprechen durchaus der Müntzer eigenen Terminologie.

[130] *Böhmer,* 61; vgl. *Sehling,* S. 504 ff., Ordnung und Berechnung, 5: Christus der Erstgeborene aller kreatur in der Kunst Gottes, die er von sich selbst hat — mit allen Auserwählten.

[131] *Böhmer,* 64: auch ein Türke soll deshalb an dem „Verhör" Müntzers über seinen Glauben teilnehmen.

[132] Bei dem von Müntzer beeinflußten Denck ist die Historizität des Ursprungs christlicher Glaubenserfahrung ganz deutlich ausgesprochen. *Walther Köhler,* Dogmengeschichte als Geschichte des christlichen Selbstbewußtseins II, 1951, S. 356, zitiert: Wer Christi unschuldiges Leiden nachahmt, der hat's von ihm genommen, das ist Gerechtigkeit aus Gnaden.

[133] Vgl. *Böhmer,* 15 und 16.

[134] WA 3, 249: Sünde bekennen und gerecht sein sind dasselbe.

[135] WA 51, 151; 2, 565.

[136] Christus hat uns genug verdient, WA 21, 398.

[137] WA 1, 364: das sich durch den in uns wohnenden Christus vollziehende Tun ist Gottes opus operatum. — Bei Osiander sind diese Ansätze Luthers über ihn hinaus und gegen ihn weitergeführt: der Christus in uns, die effektive Rechtfertigung werden entscheidend, das Heilsgeschehen wird aus der subjektiven Existenzialität verstanden. Hier wird die Nähe Müntzers zu Ansätzen Luthers noch deutlicher.

[138] *Holl,* S. 433 f., betont ebenfalls, daß es sich bei Müntzer im Gegensatz zur Mystik nicht um ein selbstgewähltes Kreuz handelt.

[139] Protestation, 12: der Mensch muß Gottes Werk leiden; ebd. 14; Ged. Glaube, 1; *Böhmer,* 49, Gott wirkt durch das Gewissen.

[140] *Böhmer,* Anhang 4, 18—20, die polemisch überspitzten angeblichen Thesen Egrans sind pelagianisch. Vgl. auch *Böhmer,* 13 (an Luther), wo Müntzer für die Prädestination eintritt.

[141] Ged. Glaube, 12.

[142] Protestation, 12.

[143] Entblößung, 338, 833.

[144] Entblößung, 109 ff.; Gott selber ist es, der dem Menschen Disteln und Dornen, den wütenden Teufel aus dem Herzen reißt, Protestation, 12, 4; während Christus durch göttliche Natur Gottes Sohn ist, sind es alle Auserwählten durch Gnaden, *Böhmer,* 61.

[145] WA 15, S. 210 ff., Ein Brief an die Fürsten zu Sachsen.

[146] Entblößung, 569 ff., 399 f.

[147] Schutzrede, 453 ff.

[148] Zum Beispiel Fürstenpredigt, 280 ff., oder Ged. Glaube, 10.

[149] Entblößung, 644, es geht nicht um „Werk Verdienst".

[150] Protestation, 12: die Polemik gegen das: Christus hat es allein ausgerichtet, wendet sich gegen die, die sich darauf berufen.

[151] Protestation, 13.

[152] Protestation, 4, 5, 12: wenn man sagt, Christus hats allein alles ausgerichtet, ist viel zu kurz. Wenn Du das Haupt mit den Gliedern nicht fassest, wie könntest Du dann seinen Fußstapfen nachfolgen. Ged. Glaube, Schluß: Ich erfülle das, was dem Leiden Christi rückständig ist — selbst eine solche Aussage ist nicht dogmatisch als Pelagianismus zu verstehen, sondern auch sie ist Ruf in die Nachfolge.

[153] Schutzrede, 155 ff.: man darf nicht wie Luther die Güte gegen den Ernst des Gesetzes ausspielen; ebd. 229 ff.: die Strenge gerade ist die Güte.

[154] Schutzrede, 451.

[155] *Wackernagel,* Das deutsche Kirchenlied von den ältesten Zeiten bis zum Anfang des 17. Jahrhunderts, III, 1870, S. 481.

[156] *Heinrich Böhmer,* Studien zu Thomas Müntzer (Leipziger Universitätsprogramm zur Feier des Reformationsfestes), 1922, hat zuerst die Siegel zur Interpretation des Gegensatzes von Luther und Müntzer herangezogen, freilich deutet er Müntzer als Mystiker, für den das Kreuz nicht notwendig war.

[157] Zum Beispiel *Böhmer,* 41, 47, 49; Ged. Glaube, 1, 16, 17; Entblößung, 545 ff.; Fürstenpredigt, 260 ff.

[158] Zum Beispiel Entblößung, 170 ff., die Trübsal bei der Ankunft des Glaubens erweist, daß er von Gott, nicht vom Teufel oder aus eigener Natur stammt.

[159] Dem erdichteten Glauben hängen die Menschen an, weil sie leidensscheu sind. Das Leiden, das gegenüber der Sünde objektiviert und selbständig gemacht wird, steht als notwendige Voraussetzung im Mittelpunkt der Müntzerschen Predigt; zum Beispiel Protestation, 10, 12.

[160] Protestation, 5 ff.

[161] Für Luther verläßt sich der Mensch mit dieser Objektivierung der Subjektivität auf sich selbst. WA 40, 1, S. 589: Deshalb ist unsere Theologie sicher, weil sie uns aus uns heraussetzt, ich brauche mich nicht auf mein Inneres (conscientia) zu stützen, nicht auf Empfinden, irgendein Werk, sondern auf die göttliche Verheißung, die Wahrheit, die nicht trügen kann.

[162] *Böhmer,* Anhang 6 b, 4: wer einmal den Geist empfängt, wird nimmermehr verdammt. Entblößung, 383 ff.: das Gewissen weist den Auserwählten von der Sünde, wie sehr er auch faktisch noch sündigen mag. Darum ist er objektiv erkennbar, aufweisbar.

[163] Schutzrede, 15; Fürstenpredigt, 241, 255: Gott nimmt die Lüste fort und schafft einen neuen Menschen; 645: der Mensch ist den Lüsten entfremdet. *Böhmer,* 49: er wandelt in der Ertötung des Fleisches.

[164] Fürstenpredigt, 460; Entblößung, 352 ff., 360 ff.; Schutzrede, 134, 213 ff.; *Böhmer,* Anhang 6 b, 6. — Auch Luther hat erwogen, diejenigen, die mit Ernst Christen sein wollten, sichtbar zu konstituieren, aber

er hat dabei nicht eine substantielle Aufweisbarkeit vorausgesetzt, und gerade wegen der Unsichtbarkeit des wahren Glaubens hat er diesen Plan aufgegeben.

[165] *Böhmer*, 31 (an Melanchthon), vgl. oben S. 72, Anm. 119.

[166] Protestation, 4.

[167] Vgl. oben S. 69, Anm. 59.

[168] Zum Beispiel Schutzrede, 62 ff., 91 ff., 127 ff., 205 ff., 239ff., 445; *Böhmer*, 47, 49, 30, 31: die Rücksicht auf die Schwachen kann den Gesetzesrigorismus nicht einschränken; Anhang 4: schon in Zwickau nimmt Müntzer gegen Egrans Abwertung des Gesetzes Stellung.

[169] Protestation, 3.

[170] Die Vorwürfe gegen Luther, gegen seine Lebensführung und sein Ethos, in der Schutzrede zum Beispiel, beziehen sich auf die Weltfreude. Zum Affekt gegen die Lust vgl. auch Entblößung, 240 ff.

[171] Vgl. Schutzrede, 134 ff. durch Befolgung des Gesetzes wird die Absonderung möglich.

[172] Zum Beispiel gegen Luthers Lehre von der Obrigkeit als einem heidnischen Amt: Fürstenpredigt, 426 ff.

[173] Entblößung, 229 ff.; vgl. oben S. 72, Anm. 117.

[174] Zum Beispiel Entblößung, 245 ff.

[175] Entblößung, 135 f., 331 f., 442 f.

[176] Entblößung, 135 ff.; 261 ff.: ein rechtes Betrachten der Menschwerdung Christi ist bei dem ökonomisch-sozialen Druck nicht möglich; Entblößung, 589.

[177] Das arme Volk ist ungemustert, ist „grob", *Böhmer*, 58; Fürstenpredigt, 89; das ist natürlich auch eine Folge der falschen Predigt.

[178] Entfremdung der Lüste: Entblößung, 645.

[179] Fürstenpredigt, 40, 70 ff., 383; Entblößung, 250 ff., 261 ff., 276 ff., 520 ff.

[180] Vgl. oben S. 62 ff. und *Hinrichs*, passim.

[181] Zum Beispiel *Böhmer*, 59, 67: wenn die Fürsten den Glauben hindern, muß man ihnen das Regiment nehmen.

[182] *Böhmer*, Anhang 8, peinlich bekannt 8.

[183] Vgl. die ausführlichen Erörterungen über die Stellung der Humanisten zum Eigentumsproblem in dem bedeutenden Morus-Buch des amerikanischen Jesuiten *Edward L. Surtz*, The Praise of Pleasure, Cambridge/Mass. 1957.

[184] *Böhmer*, Anhang 8, 5.

[185] Zunächst hat sich Müntzer noch gegen die Abschaffung der Zinsen erklärt, das wäre ein Handeln um „der Kreatur willen", *Böhmer*, 59. Diese Bedenken fallen dann. — Vgl. auch Schutzrede, 188 f., die Grundursache aller Verbrechen ist, daß die Herren und Fürsten sich alle Kreatur zum Eigentum nehmen.

[186] *Böhmer*, Anhang 8, peinlich bekannt 6.

[187] Entblößung, 339, 348 f.; vgl. auch Fürstenpredigt, 390 ff., 487 ff., 551 ff.

[188] Schutzrede, 225 ff., 384 ff., 466.

[189] Fürstenpredigt, 460. Die Gewaltpredigt ist hier, wie häufig, auch auf die Absonderung der Auserwählten von den Gottlosen bezogen; diese Absonderung zielt aber auf die Herrschaft der Auserwählten über die Welt, auf die Herrschaft Gottes.

[190] Zum Beispiel Fürstenpredigt, 104 f., 430 ff., 497, 550 ff.

[191] Im folgenden stützte ich mich auch auf die Untersuchungen von *Hinrichs* und *Elliger*.

[192] Siehe oben S. 75, Anm. 179.

[193] Siehe oben S. 59 f.

[194] Vgl. zum Beispiel *Böhmer,* Anhang 6 b, 3, 4; Entblößung, 44 ff.

[195] Vgl. *L. Graf zu Dohna,* Reformatio Sigismundi, 1960, S. 154 ff.

[196] Zum Beispiel Fürstenpredigt, 392; *Böhmer,* 70.

[197] Entblößung, 351 ff., 520 ff.

[198] Unter vielen Stellen vgl. Fürstenpredigt, 361 ff., über die eschatologische „Veränderung der Welt".

[199] Phänomenologie des Geistes, hrsg. von *J. Hoffmeister,* [5]1949, S. 413; mit diesen Worten leitet Hegel von der Aufklärung zur Französischen Revolution über, die die schon geschehene „innere Umwälzung" in die Wirklichkeit überführt.

[200] *Bloch,* S. 85.

[201] Siehe oben Anm. 190.

Zur Müntzer-Forschung 1961—1974

1. Das wichtigste Ereignis auf dem Gebiet der Müntzer-Forschung war die endlich zustande gekommene Publikation einer Gesamtausgabe: *Thomas Müntzer,* Schriften und Briefe, Kritische Gesamtausgabe, hrsg. unter Mitarbeit von *P. Kirn* von *Günther Franz* (Quellen und Forschungen zur Reformationsgeschichte 33), Gütersloh 1968; *Franz* hat die Ausgabe der „Politischen Schriften" von *Hinrichs* und — im wesentlichen — die Ausgabe des Briefwechsels von *Böhmer-Kirn* übernommen, aber — neben den Liturgischen Schriften — darüber hinaus neues, bisher zerstreutes Material zugänglich gemacht. Zur Ergänzung ist die ausführliche Rezension von *S. Bräuer,* Luther Jahrbuch 38, 1971, S. 121—131, heranzuziehen. *E. Gordon Rupp,* Th. Müntzer, H. Huth and the „Gospel of All Creatures" (jetzt in: Patterns of Reformation, London 1969, S. 325 ff.) macht wahrscheinlich, daß eine anonyme Schrift: „Von dem Geheimnis der Tauf" von Müntzer oder einem seiner direkten Schüler, vielleicht von Huth, stammt; in seinem Müntzer-Kapitel (siehe unten) benutzt *Rupp* auch ein weiteres Dresdener Manuskript. — Zum Müntzer„bild" liegen inzwischen vor: *M. Steinmetz,* Das Müntzerbild von Martin Luther bis Fried-

rich Engels, Berlin (Ost) 1971 (erweiterte Habilitationsschrift von 1956). — *A. Friesen,* Th. Müntzer in Marxist Thought, Church History 34, 1965, S. 306—327 (vgl. auch *Friesens* großes Buch von 1974, oben S. 34). — *Klaus Ebert,* Theologie und politisches Handeln. Untersuchungen zur marxistischen Interpretation der Theologie Th. Müntzers, Phil. Diss. Frankfurt 1971 (unselbständig, überflüssig). — An Forschungsberichten sind zu nennen: *J. H. Stayer,* Th. Müntzer's Theology and Revolution in Recent Non-marxist Interpretation, Mennonite Quarterly Review 43, 1969, S. 142—152. — *B. Lohse,* Auf dem Wege zu einem neuen Müntzer-Bild, Luther 41, 1970, S. 120—132. — *Ders.,* Th. Müntzer in marxistischer Sicht, ebd. 43, 1972, S. 60—73. — Ein von *A. Friesen* und *H. J. Goertz* herausgegebener Sammelband: Th. Müntzer (Wege der Forschung 491) ist angekündigt. — Interessant schließlich eine italienische Publikation: *Th. Müntzer,* Scritti Politici, ed. *E. Campi,* Torino 1972 (mit einer langen und sehr abgewogenen Einleitung).

2. Zum Leben Müntzers. Die Aufstellung von *Goebke* (oben Anm. 11) ist inzwischen von *E. Iserloh* (Zur Gestalt und Biographie Th. Müntzers, Trierer Theologische Zeitschrift 71, 4, 1962), *M. Bensing* (Th. Müntzers Frühzeit, ZfG 14, 1966, 3, S. 423—430) und abschließend von *S. Bräuer,* Zu Müntzers Geburtsjahr, Luther-Jahrbuch 36, 1969, S. 80 ff. (mit dem Nachweis, daß der von Goebke herangezogene Müntzer eine andere Person ist) widerlegt worden. — Zu bisher dunklen Abschnitten der Biographie: *M. Bensing* — *W. Trillitzsch,* Bernhard Dappens „Articuli contra Lutheranos". Zur Auseinandersetzung der Jüterboger Franziskaner mit Th. Müntzer und F. Günther 1519, Jahrbuch für Regionalgeschichte 2, 1967, S. 113—147 (mit guter Einleitung). — *V. Husa,* Th. Müntzer a Čechy, Rožnik 67, Praha 1957 (mit deutscher Zusammenfassung); Husa neigt allerdings dazu, Hypothesen und Konstruktionen als Gewißheiten darzustellen. — *M. Bensing,* Th. Müntzer und Nordhausen (Harz) 1522, ZfG 10, 1962, 5, S. 1095—1123. — *Ders.,* Th. Müntzers Aufenthalt in Nordhausen 1522, Harz-Zeitschrift 19/20, 1967/68, S. 35 ff. — Für meine These über Müntzers Verhältnis zu Luther ist eine mir nachträglich bekannt gewordene Konjektur von *E. Hirsch* von Bedeutung: er löst die Unterschrift Müntzers unter einen Brief an Luther vom 13. 7. 1521 (*Böhmer,* 14) in folgender Weise auf: „Tomas Munczer q(uem) g(en)u(isti) per Evangelium" (mitgeteilt bei *H. Gerdes:* Der Weg des Glaubens bei Müntzer und Luther, Luther 26, 1955, S. 153). — Inzwischen liegen auch

einige neue Gesamtbiographien vor: Marxistisch und eher populärwissenschaftlich: *M. Bensing*, Th. Müntzer, Leipzig 1965. —
Populärwissenschaftlich und etwas konventionell, z. T. von Bensing
und anderen marxistischen Interpretationen abhängig: *Gerhard
Wehr*, Th. Müntzer in Selbstzeugnissen und Bilddokumenten (Ro-
wohlt Monographien 188), 1972. *Eric W. Gritsch*, Reformer
without a Church. The Life and Thought of Th. Müntzer, 1967
und vor allem, als gelehrte wie darstellerisch originelle Leistung
gleich überzeugend, das über 200 Seiten lange Müntzer-Kapitel
des großen Cambridger Kirchenhistorikers *E. G. Rupp*, Patterns
of Reformation, London 1969, S. 155 ff. (The Reformer as Revo-
lutionary), in das frühere Aufsätze von Rupp zu diesem Thema
eingegangen sind. (Zu diesen beiden siehe unten unter 5.)

3. Untersuchungen und Erörterungen über den Einfluß Müntzers
auf den „linken Flügel" der Reformation, auf Spiritualisten, einzelne Täuferführer wie die gesamte Täuferbewegung gehen un-
vermindert weiter, sie können hier nicht im einzelnen aufgeführt
oder besprochen werden. Als besonders wichtig seien genannt:
Zu Huth: *E. G. Rupp* in dem eben erwähnten Buch, S. 325 ff. —
W. Klassen, Hans Hut and Th. Müntzer, The Baptist Quarterly 19,
1962. — *G. Seebaß*, Müntzers Erbe. Werk, Leben und Theologie
des Hans Hut (Quellen und Forschungen zur Reformationsgeschichte 44), 1974 (im Erscheinen). — Zu Denck: *Günther Goldbach*, H. Denck und Th. Müntzer. Ein Vergleich ihrer wesentlichen theologischen Auffassungen, Theol. Diss. Hamburg 1969,
der gegen *Baring* (oben Anm. 4) trotz mancher Ähnlichkeiten die
tiefgreifenden Unterschiede und die Unabhängigkeit Dencks betont (siehe auch unter 5). — Allgemein zu diesem Thema: *H. J.
Hillerbrand*, The Origin of 16th Century Anabaptism: Another
Look, Archiv für Reformationsgeschichte 53, 1962 (und ähnlich
Ders., Anabaptism and the Reformation: Another Look, Church
History 29, 1960, S. 404 ff.). — *Ders.*, Die politische Ethik des
oberdeutschen Täufertums, Leiden 1962. — *E. W. Gritsch*, Th.
Müntzer and the Origin of Protestant Spiritualism, Mennonite
Quarterly Review, 37, 1963, S. 172 ff. — *G. F. Hershberger* (Hrsg.),
Das Täufertum. Erbe und Verpflichtung, Stuttgart 1963. —
R. S. Armour, Anabaptist Baptism, Scottsdale 1966. — *E. Bern-
hofer-Pippert*, Täuferische Denkweisen und Lebensformen im
Spiegel oberdeutscher Täuferverhöre, Münster 1967. — *B. Lohse*,
Die Stellung der „Schwärmer" und „Täufer" in der Reforma-
tionsgeschichte, Archiv für Reformationsgeschichte 60, 1969,
S. 5—26. — *R. Ruether*, The Reformer and the Radical in the

16th Century Reformation, Journal of Ecumenical Studies 1972, S. 271—84. — *G. List*, Chiliastische Utopie und radikale Reformation. Die Erneuerung der Idee vom 1000jährigen Reich, München 1973 (hochkompliziert und überspekulativ). — Am überzeugendsten ist m. E. bisher die These von *Hillerbrand* (1960/62, ähnlich *Gritsch* 1963): Müntzer sei, bevor sich ein Unterschied von Täufern und Spiritualisten herausgebildet habe, einer der Anfänger der radikalen Reformation, das Täufertum (und so ergänze ich: der Spiritualismus) sei zwar eine Erscheinung sui generis, aber es verbinde in sich eine Mehrzahl verschiedener Einflüsse und dazu gehöre wesentlich der Einfluß Müntzers. Unterschiede und Eigenständigkeit werden damit nicht relativiert, aber sie sollten auch nicht verabsolutiert werden. In ähnlicher Richtung würde ich die Lösung für die Frage suchen, ob die radikale (im Unterschied von der magisterialen) Reformation, der „linke Flügel" oder die „Nebenreformation" eine prinzipiell eigenständige Erscheinung darstellt, sozusagen ein selbständiger „dritter Weg", oder ob sie, wie meine Interpretation Müntzers nahelegen könnte, eine konsequent (und einseitig) fortgeführte Reformation ist, die dann dialektisch gegen die ursprüngliche Reformation ausschlägt. Von marxistischer Seite hat *G. Zschäbitz* (z. B.: Die Stellung der Täuferbewegung im Spannungsbogen der deutschen frühbürgerlichen Revolution, in: Die frühbürgerliche Revolution in Deutschland, 1961, S. 152 ff.) einerseits die Abhängigkeit der Täufer von Müntzer betont, andererseits aber, gewissermaßen in Umkehr der älteren mennonitischen Wertung, dargelegt, daß die Müntzersche Theologie der menschlichen Aktivität und Weltveränderung bei den Täufern ihres politischen Grundgehalts beraubt und zu einer Theologie der Passivität und der Abwendung von der Wirklichkeit verzerrt worden sei.

4. Die marxistische Interpretation Th. Müntzers ist ganz in die Theorie von der „frühbürgerlichen Revolution" und die daraus folgende „Einschätzung" des Bauernkriegs eingebettet (vgl. die Literaturangaben zu dem vorangehenden und dem folgenden Aufsatz dieses Bandes). Wenn Müntzer der Held eines Bauernkrieges ist, der den Höhepunkt einer frühbürgerlichen Revolution darstellt, so ist für ihn als Kommunist, als Protokommunist, als ein den Kommunismus Antizipierender eigentlich kein Platz mehr. Im Gegensatz zur älteren marxistischen Literatur tritt dieses Element daher deutlich (und gelegentlich vollständig) in den Hintergrund oder wird heruntergespielt. Das marxistische Verständnis für den Zusammenhang von Theologie und Revolution bei Müntzer hat sich gegenüber der etwas platten aufklärerischen Position von *Smirin*

inzwischen gewandelt. Schon *G. Zschäbitz* (Zur mitteldeutschen Wiedertäuferbewegung nach dem großen Bauernkrieg, 1958, besonders S. 36 ff.) hat betont, daß Müntzer auch in seinen revolutionären Forderungen primär als Theologe und religiöser Mensch verstanden werden müsse; erst im Bauernkrieg trat Müntzer „zeitweise als echter Politiker aus der religiösen Sphäre heraus". Diese Position wird auch in den verschiedenen Arbeiten von *M. Bensing* (siehe oben ad 2; weiter: Idee und Praxis des „Christlichen Verbündnisses" bei Th. Müntzer, Wissenschaftliche Zeitschrift der K. Marx-Universität Leipzig, Gesellschafts- und sprachwissenschaftliche Reihe 14, 1965, S. 459—470; und vor allem sein wichtigstes Buch: Th. Müntzer und der Thüringer Aufstand von 1525, Berlin [Ost] 1966) und in dem von *M. Steinmetz* mit *Zschäbitz, Bensing* und anderen verfaßten „Lehrbuch der deutschen Geschichte 3, Deutschland von 1426—1648", Berlin (Ost), 1965, vertreten, wenn auch mit geringerer Entschiedenheit. Spiritualismus, Eschatologie und der Wille zur Aufhebung der Entfremdung gelten ähnlich wie bei Hinrichs als die revolutionären Elemente seiner Theologie. Die Kreuztheologie wird in einen undialektischen Gegensatz zu Luthers Glaubenstheologie gestellt (Lehrbuch, S. 119 ff.), undifferenziert wird in diesem Zusammenhang von der „aktiven Rolle des Menschen bei der Erziehung seiner selbst" gesprochen, und die Smirinsche Identifizierung von Müntzers Begriff von Gottes Willen mit dem überprivaten Interesse der Gesamtheit ist doch noch nicht überwunden. Die allmähliche Verschiebung der Gewichte — von einer Theologie der Innerlichkeit zur Theologie der konkreten demokratisch-sozialen Weltgestaltung und zur Theologie der Revolution durch das „Volk" — wird sehr genau analysiert und wie selbstverständlich nicht auf theologische oder „kirchenpolitische" Erfahrungen, sondern auf die Erfahrung der „Klassenkämpfe" der Zeit zurückgeführt. Daß die Entstehung und Entwicklung der Theologie Müntzers nur als Resultat der gesellschaftlichen Entwicklung begriffen werden könne, ist der Einwand von *Bensing* (1966) gegen meine Abhandlung. Schließlich hat *E. Werner* (Messianische Bewegungen im Mittelalter II, ZfG 10, 1962, 3, S. 598—622) Müntzer unter dem Titel „Messianische Prophetie für eine zukünftige Klasse" als Chiliasten behandelt und diesen Chiliasmus ohne die früher übliche unhistorische Rationalisierung einer marxistischen Interpretation zugänglich zu machen gesucht. Trotz dieser veränderten Behandlung der Theologie bleibt die Interpretation Müntzers natürlich genuin marxistisch, und zwar deshalb, weil seine Theologie als „subjektives" Moment von seiner „objektiven"

Bedeutung unterschieden wird. „Objektiv" entsprach seine Theologie der Umgestaltung des irdischen Lebens durch das Volk den revolutionären Interessen der antifeudalen Schichten: das macht Müntzers Bedeutung im Gesamtzusammenhang der „frühbürgerlichen Revolution" aus. Als seine eigentliche Leistung im Bauernkrieg gilt es, die große und umgreifende, demokratisch-nationale und soziale Zukunftsidee und die Forderung des realen Tageskampfes verbunden zu haben und dadurch eine „Koalition" zwischen Bauern und radikal bürgerlichen und „plebejischen" Elementen geschaffen zu haben.

5. Aus der umfangreichen Literatur zur Theologie Müntzers seien zunächst zwei wichtige Arbeiten zu Sonderproblemen genannt, nämlich: *Joyce L. Irwin,* The Theological and Social Dimension of Th. Müntzer's Liturgical Reform, Yale Diss. 1972 — eine wesentliche Ergänzung bisheriger Arbeiten (und dazu: *Ders.,* Müntzer's Translation and Liturgical Use of Scripture, Concordia. Theological Monthly 13, 1972, S. 21 ff.); sodann *H. O. Spillmann,* Untersuchungen zum Wortschatz in Th. Müntzers Deutschen Schriften, Berlin (West) 1971 — aufgrund des vom Vf. bearbeiteten Glossars der Gesamtausgabe ein neuer Ansatz mit der Aufgliederung des Wortschatzes nach Sinn- und Herkunftsbereichen; leider sind die Briefe nicht miteinbezogen und leider bleibt das Ordnungssystem etwas mechanisch, zumal der Vf. die neuere Müntzer-Forschung ignoriert; immerhin werden z. B. der bäuerliche Hintergrund des Sprachgebrauchs und der geistliche Sinn von Armut sehr deutlich. — Zu den Absurditäten von Dieter Fortes Bühnenstück habe ich in einem Beitrag zu dem Band: Luther als Bühnenheld (Zur Sache. Kirchliche Aspekte heute 2, hrsg. von F. *Kraft,* 1971, S. 60—74) Stellung genommen.
Die theologischen Probleme werden in folgenden Arbeiten behandelt: *Martin Schmidt,* Das Selbstbewußtsein Th. Müntzers und sein Verhältnis zu Luther. Ein Beitrag zu der Frage: War Th. Müntzer Mystiker?, Theologia Viatorum 6, 1957/58, S. 25 bis 41. — *M. Hanstein,* Müntzer contra Luther, Glaube und Gewissen 5, Halle 1959, S. 191 ff. — *M. Lackner,* Von Th. Müntzer zum Münsterschen Aufstand, Jahrbuch des Vereins für westfälische Kirchengeschichte 53/54, 1960/61, S. 9 ff. — *N. Cohn,* Das Ringen um das 1000jährige Reich (The pursuit oft he millenium), 1961 (Th. Müntzer: S. 222 ff.). — *Lowell H. Zuck,* Fecund problems of eschatological hope, election proof and social revolt in Th. Müntzer, in: *F. H. Littell* (ed.), Reformation Studies, Richmond 1962, S. 244 ff. — *H. Bornkamm,* Die Frage der Obrig-

keit im Reformationszeitalter, in: Das Jahrhundert der Reformation, ²1965, S. 305 ff. — *W. Elliger,* Th. Müntzer, Theologische Literaturzeitung 90, 1965, Sp. 7—18. — *Ders.,* Zum Thema Luther und Müntzer, Luther Jahrbuch 34, 1967, S. 80—116. — *H. J. Goertz,* Innere und äußere Ordnung in der Theologie Th. Müntzers, Leiden 1967 (Diss. Göttingen 1964). — *E. Iserloh,* Revolution bei Th. Müntzer. Durchsetzung des Reiches Gottes oder soziale Aktion?, Historisches Jahrbuch 92, 1972, S. 282 bis 299. — Schließlich sind hier zu nennen die Arbeiten von *Lohse* (oben ad 1 und 3); *Goldbach* und *List* (oben ad 3), *Gritsch* und *Rupp* (oben ad 2).

Ehe ich mich dem Hauptproblem der Forschung zuwende, ein paar Nebenbemerkungen. Das Müntzer-Kapital von *Cohn* ist enttäuschend, weil der Ansatz des Buches — die psychologische Interpretation chiliastischer Menschen und die soziologische Frage nach der sozialen Basis des Chiliasmus — darin gar nicht zum Tragen kommt. Einige Autoren haben von mir seinerzeit nicht berührte, aber m. E. wesentliche theologische Fragen behandelt, die für spätere Interpretationen nützlich sind: *Schmidt* (1957) betont u. a. die Bedeutung des gepredigten Wortes für die Wiederherstellung der apostolischen Menschheit bei Müntzer, *Hanstein* (1959) betont die Modernität von Müntzers Frage nach Gott, *Gritsch* (1967) hat neben dem spiritualistischen das theokratische Element bei Müntzer besonders herausgearbeitet; *Rupp* schließlich, m. E. das bedeutendste Müntzerkapitel der letzten zehn Jahre, hat aus der Christförmigkeit die zentrale (und für die politische Weltgestaltung wesentliche) Bedeutung der Solidarität der Christen in Christus herausgearbeitet und auf eine Einschränkung der Erkennbarkeit der Christen — der „Bund" besteht nach seiner Interpretation nicht nur aus wahren Erwählten — hingewiesen; zudem hat er das antiklerikale Element bei Müntzer stark betont, freilich nicht ganz mit seinem theokratischen Anspruch ausgeglichen.

Die eine zentrale Frage der Diskussion ist die nach dem Verhältnis Müntzers zu Luther und zur spätmittelalterlichen Mystik. Eine Reihe von Autoren nehmen gegen meine These, Müntzer sei kein spätmittelalterlicher Mystiker, sondern ein Schüler Luthers, entschieden Stellung (so *Lackner,* 1960/61, *Zuck,* 1962, vor allem und am ausführlichsten *Goertz* 1967 und daran anschließend *Lohse* und *Iserloh). Goertz* in seinem analytisch-formal beachtlichen gelehrten Buch meint, die Aufnahme und selbständige Weiterverarbeitung der Mystik sei die Basis aller Müntzerschen Theologie und gerade nicht eine Rezeption und Transformation Luthers, Ähnlichkeiten zu Luther erklärten sich aus der beiden gemeinsamen mystischen Tradition; eine ursprüngliche Kluft zwischen Mensch und Gott gebe es bei Müntzer nicht. M. E. hat *Goldbach* (1969) überzeugend — gerade im Vergleich mit Denck — nachgewiesen, daß diese Herleitung Müntzers aus einer — metaphysisch-ontologisch verstandenen — Mystik etwa zur Erklärung der Kreuz- und der Revolutionstheologie so nicht haltbar ist. Sicherlich gibt es hier kein Entweder-Oder, die Prägung Müntzers durch Luther schließt ja nicht aus, daß in seiner Theologie starke Elemente spätmittelalterlicher Mystik noch enthalten sind. *M. Schmidt* (1957) z. B., der im Gegensatz zu mir Müntzers Kreuzestheologie von Luthers theologia crucis deutlich abheben will, meint, Müntzer sei Zeit seines Lebens von Luther abhängig geblieben: Luther habe ihn, den zum Mystiker Angelegten, durch seine Theologie des Wortes vor der ungebrochenen Verwirklichung der Mystik bewahrt. Auch *Bornkamm, Gritsch* und *Rupp* betonen — bei aller Bedeutung der Mystik und zumal Taulers *(Rupp)* — die konstitutive und keineswegs nur akzidentielle Rolle, die Luther für Müntzers Theologie (auch) hat und die sachliche Nähe zu Luthers Problemen (dazu auch *Goldbach,* 1969). Daß es hier auch wesentliche Unterschiede im Ansatz oder in den jeweils drängenden Fragen gibt, ist selbstverständlich. *Elliger* (1965) hat gegen mich überzeugend nachgewiesen, daß Müntzer nicht vom Verständnis der Sünde bei Luther (und auch nicht von dem des Gesetzes) ausgegangen ist. Nach *Schmidt* hat vor allem *Rupp* auch unter Heranziehung der Liturgie die seiner Meinung nach noch immer biblisch geprägte Struktur der Müntzerschen Theologie und Praxis betont und sich z. B. gegen *Gritsch,* der aus der spiritualistischen Lehre vom inneren Wort eine antitrinitarische Dehistorisierung Christi herleitet, gewandt. Ich sehe heute hier bei Müntzer eine nicht aufgelöste Spannung.

Man kann gegen meine Abhandlung einwenden, daß sie Müntzer, von dem wir keine Theologie, sondern vor allem Polemiken und Briefe haben, übersystematisiere und daß sie, so *Rupp,* durch die Benutzung Lutherscher oder gar orthodoxer Kategorien — zumal der der Rechtfertigung — das Eigentliche und Eigenwüchsige bei Müntzer in eine Zwangsjacke zwänge, in der religiöse Erfahrungen und Antriebe dann zu — wie immer existenzial interpretierten — dogmatischen Sätzen gerinnen und in der Müntzer nur noch als „Abweichler", radikalisierend und vereinseitigend, erscheint. Das ist ein ernster Einwand gegen meine jugendliche Freude, mit der ich einen Schlüssel zum Verständnis Müntzers benutzt habe. Heute wäre ich zurückhaltender, würde die Widersprüche stärker anerkennen, würde die Kreuztheologie vorsichtiger mit Luthers Rechtfertigungstheologie in Verbindung bringen. Im übrigen sehe ich in der Sache zwischen *Rupp* und meiner Interpretation — auch in der Beziehung auf Luthers Probleme — keinen gravierenden Unterschied. Nachfolge, Erwählung, Heil, Wegnehmen der Sünde, Polemik gegen den süßen Christus — das steht doch durchweg in sachlicher (und gelegentlich expliziter) Beziehung zu Luthers Frage nach der Rechtfertigung.

Mir scheint, daß mein Thema, den Zusammenhang von Theologie und Revolution, und den Zusammenhang der Theologie selbst verständlich zu machen, und daß meine Lösung nicht überflüssig geworden sind. *Goertz* und *Goldbach* geben keine stringenten Interpretationen der Theologie und ihres Verhältnisses zur Revolution. Ich glaube, daß die aus der Pietismus-Interpretation genommenen Kategorien von Subjektivierung und Objektivierung die Probleme noch am besten klären; daß der Bezug auf Luther gerade die divinatorische Antizipation der Lutherischen Orthodoxie, des passiven Weltverhaltens und des Vorrangs der Individualität vor der Solidarität im Luthertum durch Müntzer erklärt und ebenso auch die unfreie, antimoderne, theokratische Gewaltsamkeit bei Müntzer; beides ist nicht mehr mittelalterlich. Schließlich scheint mir noch immer die anthropologische existenziale Interpretation Müntzers ein Zugang zu sein, durch den man ihn heute, in einem postchristlichen Zeitalter, verständlich machen kann. Für die Begründung der Revolution in der Theologie scheint mir *Rupp* einen neuen Gedanken zu bieten — mit der These von der weltzugewandten Solidarität der Christen in Christus.

Ich glaube nicht, daß Müntzers Theologie ökonomisch-politisch begründbar ist. Wohl aber läßt sich seine Entwicklung und die Entwicklung seines Denkens mit den Ereignissen und Erfahrungen in eine durchaus enge Beziehung bringen, wie das zuletzt die Biographien von *Gritsch* und *Rupp* getan haben. Für mich ist die wesentliche Frage künftiger Forschung und künftigen Nachdenkens, ob man analog zu meiner Interpretation Müntzers zu einer ähnlichen Interpretation der so unterschiedlichen Strömungen (ja Figuren) der radikalen Reformation überhaupt gelangen kann oder nicht.

Bauernkrieg*

A. Der Bauernkrieg als historiographisches Problem

Der deutsche Bauernkrieg gehört in den universalgeschichtlichen Zusammenhang einer Kette von mehr oder minder ausgedehnten bäuerlichen Aufständen gegen die bestehende Herrschafts- und Gesellschaftsordnung in der Periode des Übergangs vom Mittelalter zur Neuzeit (Flandern 1321; Frankreich 1356; England 1381; Böhmen: Hussitenkriege 1419—36; Schweiz 1513—15; Kosakenaufstände in Rußland und Polen seit dem Anfang des 17. Jahrhunderts; Oberösterreich 1624; Schweiz 1653). In Deutschland geht dem Bauernkrieg eine Reihe von Aufständen oder Aufstandsversuchen voraus (1476 Niklashausen/Franken; 1493, 1502, 1513, 1517 Bundschuhaufstände am Oberrhein; 1515 Innerösterreich; 1514 Armer Konrad in Württemberg).

Der Bauernkrieg begann im Juli 1524 im südlichen Schwarzwald, griff im Dezember auf Oberschwaben über (hier entstand in Memmingen im März 1525 die Hauptprogrammschrift, die „12 Artikel") und breitete sich im Frühjahr 1525 rasch über ganz Oberdeutschland (außer Bayern), Thüringen, Österreich und die Schweiz aus. Eine Reihe von Städten beteiligte sich am Aufstand; gleichzeitig kam es verschiedentlich zu innerstädtischen Unruhen. Nach anfänglichen Erfolgen wurden die einzelnen Bauernhaufen im Mai und Juni 1525 vernichtend geschlagen, 1526 auch die Tiroler Bauern (Michael Gaismair).

Der Bauernkrieg bestand zwar aus einer Summe von Einzelaktionen verschiedener Bauernhaufen, muß aber als einheitliches Phänomen aufgefaßt werden: Ursachen, Motive und Ziele der Bauernerhebungen waren überall die gleichen oder mindestens einander sehr ähnlich; in der Ausbreitung des Aufstandes ist eine kausale Verknüpfung zu erkennen, die Herren koordinierten ihre Aktionen gegen die Bauern und hoben die Konflikte damit auf die Ebene eines großen Krieges.

Der Bauernkrieg ist eines der *fundamentalen Ereignisse der deutschen Sozialgeschichte.* Darüber hinaus verdient er unter den

---

* Mit Peter Melcher; zuerst in: Sowjetsystem und Demokratische Gesellschaft. Eine vergleichende Enzyklopädie, I, 1966, Sp. 611—627.

europäischen Bauernaufständen aus zwei Gründen besondere Aufmerksamkeit und bietet sich als Gegenstand methodologischer und universalgeschichtlicher Reflexion geradezu an: einmal sind im Bauernkrieg politische, religiöse, ökonomische und soziale Tendenzen aufs engste verflochten, so daß er als Modellfall für eine historische Faktorenanalyse fungieren kann; zum andern hat der Bauernkrieg im Zusammenhang mit der Reformation und den gleichzeitigen bürgerlichen Bewegungen epochalen Charakter. Er ist daher seit langem einer der bevorzugten Gegenstände der Diskussion und Polemik zwischen marxistisch-leninistischen und westlichen Historikern, zumal die marxistischen Historiker in ihm eines der wichtigsten Ereignisse der politisch-sozialen Entwicklung Deutschlands sehen, „die radikalste Tatsache der deutschen Geschichte"[1].

Das Interesse der Geschichtsschreibung am Bauernkrieg (Ranke nennt ihn das „größte Naturereignis des deutschen Staates"[2]) und die Art der Interpretation sind dabei wesentlich von der Stellung der Autoren zum Problem der *Revolution* bestimmt. In den vierziger Jahren des 19. Jahrhunderts hat zuerst der radikale Demokrat Wilhelm Zimmermann eine wissenschaftliche Gesamtdarstellung versucht, in der er den Bauernkrieg aktualisierend als *deutschen Freiheitskampf* beschreibt. Dominierend blieb aber seit Ranke zunächst eine vornehmlich konservative Auffassung — die sich allerdings konfessionell wesentlich differenzierte, je nachdem, ob man die *Reformation als Ursache* des Bauernkriegs ansah (so in den katholischen Darstellungen des 19. Jahrhunderts seit Joseph Edmund Jörg) oder nicht, oder ob man gar den Bauernkrieg als *Abwehr der beginnenden Gegenreformation* (Wilhelm Stolze) betrachtete. Eine Änderung in der Bewertung bahnte sich am Ende des Jahrhunderts in dem Maß an, in dem sich das wissenschaftliche Interesse der Volks- und Kulturgeschichte zuwandte und die Historiker politisch vom Sozialliberalismus beeinflußt wurden (Friedrich v. Bezold, Eberhard Gothein). Im 20. Jahrhundert hat sich dann langsam ein vorurteilsfreies Verhältnis zu diesem revolutionären Ereignis durchgesetzt. Zeitweise haben nationalromantische und antibürgerliche Tendenzen ein neues Interesse am Bauerntum als einer der tragenden Kräfte der Geschichte begründet und damit zu einer neuen Beurteilung des Bauernkriegs geführt. Heute leiten die nichtmarxistische Geschichtswissenschaft bei der Behandlung des Bauernkriegs vor allem sozialgeschichtliche Fragestellungen.

Die *marxistisch-leninistische Geschichtsschreibung* knüpft durchweg an die Behandlung des Bauernkriegs durch Engels an, der den Bauernkrieg — aufgrund der Darstellung von Zimmermann — mit den Methoden des historischen Materialismus analysiert hat. Friedrich Engels' Schrift „Der deutsche Bauernkrieg" (1850) — eines der ersten Beispiele historisch-materialistischer Analyse — hat seither im marxistischen Bereich fast kanonische Gültigkeit behalten; Kautsky und Mehring schließen sich ziemlich eng an Engels an. Später hat Engels die schon in diesem Werk angelegte These noch weitergeführt, daß Reformation und Bauernkrieg die erste Entscheidungsschlacht des europäischen Bürgertums seien, bei der die Bauern zwar die Armee stellten, aber nach dem „Sieg" die ersten waren, die ökonomisch ruiniert wurden — und diese These hat Lenins Interpretation der Revolution von 1905 (und der Rolle der Bauern in einer Revolution) wesentlich beeinflußt.

Die ersten spezifisch historischen Arbeiten, die sich zwar im Rahmen der Grundthesen von Engels bewegen, aber auf breiter Quellenbasis und mit neuen Methoden (wenn auch zum Teil mit veralteter Literatur) arbeiten und wissenschaftlich eine neue Diskussionsgrundlage geschaffen haben, sind die Untersuchungen von Smirin. Er hat die Frage der *sozialökonomischen* Voraussetzungen des Bauernkriegs im 15. Jahrhundert zum Thema der sowjetischen Forschung gemacht und im übrigen entschiedener als alle älteren marxistischen Forscher den Bauernkrieg in einen europäischen Horizont hineingestellt. In der deutschen marxistischen Forschung gibt es außer der Kompilation von Meusel noch keine Gesamtdarstellung des Bauernkriegs oder des Reformationszeitalters. Im Anschluß an eine Kontroverse in der UdSSR über den Charakter von Reformation und Bauernkrieg hat sich eine lebhafte Debatte über das Problem der „frühbürgerlichen Revolution" entwickelt, in deren Zusammenhang einige interessante Analysen vorgelegt worden sind sowie eine Fülle von Detailforschungen (zu Fragen der Wirtschaftsgeschichte, zumal des Bergbaus, der Sozialgeschichte deutscher Städte, der Täufergeschichte u. a.), welche die unselbständigen Anfänge der frühen fünfziger Jahre in den Hintergrund treten lassen.

An vier wichtigen Sachproblemen entfalten sich die Divergenzen der marxistischen und nichtmarxistischen Forschung: an der Frage nach den politischen oder sozialen *Ursachen* des Bauernkriegs (I), der Frage nach dem Verhältnis der Bauernbewegung zu gleichzeitigen *bürgerlichen* Bewegungen (II) und zur *Reformation* (III) und an der Frage nach der *„Parteibildung"* unter den Bauern und der Existenz einer „radikalen Partei" um Thomas Müntzer (IV).

B. Der Bauernkrieg im Licht marxistisch-leninistischer und westlicher Forschung

I. Politische und soziale Ursachen

Bei der Frage nach den Ursachen des Bauernkriegs steht der Sachverhalt im Vordergrund, daß der Aufstand im wesentlichen Südwest- und Mitteldeutschland betroffen hat, und daß dies auf die unterschiedliche Lage der Bauern zurückgeführt werden muß.

1. Die *marxistisch-leninistische* Forschung sieht in der Beziehung der Bauern zum Grundherrn den Faktor, der ihre unterschiedliche Lage bestimmt. Sie beurteilt die Situation der Bauern in den östlichen Gebieten relativ günstig, „weil sich der blutige Terror der deutschen feudalen Eroberer von der sogenannten ‚Kolonisierung' an in erster Linie gegen die slawischen Bauern richtete"[3] und weil das System der Gutswirtschaft die deutschen Bauern zunächst nicht belastete. Im Südwesten dagegen war die Lage der Bauern besonders ungünstig, und zwar, weil hier (insbesondere in Oberschwaben und im Schwarzwald) das System der gemischten Grundherrschaft mit grundherrlichen Eigenwirtschaften vorherrschte. Die Grundherren bemühten sich, ihre Rechte an der dörflichen Allmende (Wald, Weide) auszubauen, Abgaben und Dienste zu steigern, ja zum Teil durch Abgaben ersetzte Frondienste wiedereinzuführen und die Besitzrechte der Bauern (Erblichkeit) zu verschlechtern, „um sich das Mehrprodukt der Bauernwirtschaften maximal anzueignen"[4]. Auch wo dieser Prozeß zum Ausbau einer — politischen — Landesherrschaft benutzt wurde, ging es primär um die Festigung der ökonomischen Macht des Herren über die Bauern.

Als wichtiger Ansatzpunkt all dieser Maßnahmen gilt die Leibeigenschaft, aus der die fürstlichen, adligen und geistlichen Landes-, Grund- und Gerichtsherren die Ausweitung ihrer Ansprüche auf die Arbeit, den Boden und den Arbeitsertrag der Bauern ableiteten. Diese Erscheinung wird als „feudale Reaktion"[5] bezeichnet, die nach einer relativ kurzen Periode bäuerlichen Aufschwungs im 13. Jahrhundert schon im 14. und besonders im 15. Jahrhundert eingesetzt habe. Gegen diese Reaktion richteten sich seit dem Ende des 15. Jahrhunderts die antifeudalen Abwehrbewegungen (Aufstände) der Bauern, die im großen Bauernkrieg von 1525 kulminieren. Die Frage, ob infolge der feudalen Reaktion eine absolute oder nur eine relative Verelendung eingetreten sei und als wesentliches Motiv für den Aufstand angesehen werden müsse, wird in der neueren Literatur nicht eigentlich mehr diskutiert (anders noch bei Kautsky, der für relative Verelendung plädiert). Die Situation der Bauern wird nur allgemein als sehr gedrückt und sich verschlechternd charakterisiert.

2. Die These, daß der Bauernkrieg aus dem sozialökonomischen „antagonistische(n) Gegensatz zwischen Bauern und Feudalherren"[6] herrühre und als Abwehrkampf gegen die „feudale Reaktion" zu verstehen sei, gilt in der *westlichen* Forschung als monokausal und einseitig. Nur Ernst Kelter charakterisiert den Bauernkrieg als „Aufstand des armen Mannes in Stadt und Land"[7] und betont damit das entscheidende Gewicht ökonomischer Faktoren. Im allgemeinen sucht man aber das Nebeneinander mehrerer selbständiger Faktoren nachzuweisen, die konkrete Lage der verschiedenen bäuerlichen Gruppen differenzierter zu erfassen und die Bedeutung des ökonomischen Konflikts zu relativieren. Günther Franz spricht zwar für Südwestdeutschland von einer „Einengung des bäuerlichen Lebensraumes"[8], weist aber angesichts der nach 1525 von den Bauern gezahlten Strafsummen darauf hin, daß es ihnen vor dem Krieg „wirtschaftlich nicht schlecht gegangen sein kann"[9]. Adolf Waas, Fritz Hartung und Gerhard Ritter betonen in diesem Zusammenhang, daß gerade die wohlhabende und selbstbewußte Dorfehrbarkeit die führende Rolle im Bauernkrieg gespielt hat, der „nicht t r o t z des Wohlstandes des Bauernstandes ... sondern ... als eine Folge des Wohlstandes und des inneren Aufsteigens der Bauernschaft" ausgebrochen sei[10]. Wenn man die Aufstandgebiete Südwest- (und Mittel-)Deutschlands mit den übrigen Gebieten vergleicht, so treten die ökonomischen Faktoren, die in unmittelbarer Korrelation zum unterschiedlichen Erbrecht stehen, hinter politischen und kulturellen Faktoren zurück: Im Südwesten war die Staatsverwaltung stärker durchorganisiert, hier spielte das römische Recht eine viel größere Rolle, hier war die Teilnahme an den geistigen Bewegungen der Zeit lebhafter und intensiver[11].

Nicht die ökonomische Lage und die daraus entspringenden Konflikte, sondern die politische Lage und politische Konflikte haben zum Bauernkrieg geführt; der Bauernkrieg hat *politische* Ursachen, die wirtschaftlichen Gegensätze werden erst relevant, weil sie eine politische Funktion haben. Der Bauernkrieg „ist also eine Verteidigung der Bauern gegen *politische* Bestrebungen der Fürsten und Herren. Da diese über *die Wege der Wirtschaft* sich durchzusetzen suchen, muß der Kampf auch auf diesem Gebiet ausgetragen werden"[12].

Der politische Gegensatz, der für die westliche Forschung Ursache des Bauernkriegs ist, besteht in dem Gegensatz von autonomer

Dorfgemeinde und landesherrlichem Territorialstaat. Die bäuerlichen Beschwerden richten sich vor allem gegen die Ausdehnung der Gerichtsherrschaft, gegen die Einführung neuer Steuern und Abgaben, die Einschränkung von Weide-, Jagd- und Waldnutzungen, Beschränkungen der bäuerlichen Gerichtsbarkeit und die Einführung des römischen Rechts; sie richten sich im Grunde gegen die Versuche der Landesherren, die bäuerliche Selbstverwaltung zugunsten des modernen Staates einzuschränken. (Nur Willy Andreas spricht der Landesherrschaft kein größeres Gewicht als den anderen Herrschaften zu.) Leib- und Grundherrschaft, die in der marxistischen Forschung als die Ansatzpunkte für den wachsenden Druck der Herren auf die Bauern gelten, seien nur dort von Bedeutung gewesen, wo sie benutzt wurden, um einen einheitlichen Untertanenstand zu schaffen, also politische Funktion hatten. Das Verbreitungsgebiet der Leibeigenschaft falle zwar mit den vom Aufstand erfaßten Gebieten zusammen, doch sei sie mit dem Verblassen der Grundherrschaft zum Rentensystem in den Hintergrund getreten.

Eng verflochten mit dem politischen Gegensatz zwischen Bauern und Herren ist das Problem des *Rechts*. Franz weist darauf hin, daß sich die Bauernaufstände vor allem in der breiten Berührungszone der bäuerlich-genossenschaftlichen Selbstverwaltung mit dem aus dem Mittelmeerraum vordringenden herrschaftlichen Territorialitätsprinzip finden, und charakterisiert den Bauernkrieg als „eine Auseinandersetzung zwischen dem genossenschaftlichen Volksrecht und dem obrigkeitlichen Herrschaftsrecht"[13]. In der Vorgeschichte des Bauernkriegs sind unter diesem Gesichtspunkt zwei Tendenzen zu unterscheiden: der Kampf um das „alte Recht" und der Kampf um das „göttliche Recht". Der Unterschied geht aus den einzelnen Forderungen, vor allem aber aus deren abweichender Begründung, klar hervor.

Die Kämpfe um das *alte Recht* beginnen mit dem Kampf der Schweizer Urkantone und lassen sich durch die folgenden Jahrhunderte insbesondere im Alpengebiet und in dessen Vorlanden nachweisen. Es handelt sich dabei um Abwehrkämpfe, die das alte, überlieferte Recht gegen die Übergriffe staatlicher Verwaltungen bewahren oder wiederherstellen, nicht aber etwas grundsätzlich Neues schaffen wollten. Die Kämpfe um das *göttliche Recht* fallen weitgehend mit den Bundschuhaufständen[14] zusammen. Das mehrdeutige Schlagwort vom „göttlichen Recht" stammt in seiner polemischen Zuspitzung von Wicliff und war wohl durch die Vermittlung der Hussiten (nicht, wie häufig angenommen, durch die Reformatio Sigismundi[15]) zum Bundschuh gelangt

(Speyrer Bundschuh 1502). Bei den Kämpfen um das „göttliche
Recht" ging es nicht nur um die Rückkehr zum alten positiven
Recht, sondern um die Herstellung neuer und idealer Verhältnisse, die an der „göttlichen Gerechtigkeit" und der ursprünglichen Schöpfungsordnung orientiert sein sollten. Von daher sind
die Forderungen nach Aufhebung der Leibeigenschaft und nach
der Freiheit von Jagd, Wald und Wasser begründet, von daher
stammen auch die Forderungen nach Kirchen- und Reichsreform,
die bei den altrechtlichen Aufständen keine Rolle spielten. Erst
im Bauernkrieg verbinden sich die beiden Traditionen endgültig;
„göttliche Gerechtigkeit" wird jetzt zu dem die „Massen mit-
reißenden Schlagwort". „Die Göttliche Gerechtigkeit in ihrer
evangelischen Ausdeutung wurde die Brücke, über die auch die
Bauern, die sich bisher nur zum alten Recht bekannt hatten, den
Weg zur Revolution fanden."[16] *cf Scott.*
Eine Sonderstellung in der westlichen Forschung nimmt Will-
Erich Peuckert ein. Er interpretiert die bäuerlichen Aufstände —
aufgrund eines reichen Materials zur Bewußtseins- und Seelen-
geschichte des Bauerntums — als verzweifelte Abwehr gegen das
Zu-Ende-Gehen eines „bäuerlichen" Kulturzeitalters; daher betont er weniger die objektiven Konflikte als die subjektiven Stim-
mungen und Erlebnisweisen, die in den bäuerlichen Aktionen
zum Ausdruck kommen.

II. Bürgertum und Bauernbewegung

1. Für die *marxistische Forschung* ist der Bauernkrieg einer der
entscheidenden Akte der „frühbürgerlichen Revolution". Diese
Interpretation knüpft an eine Äußerung von Engels (1877) an,
in der er von den „drei großen Entscheidungsschlachten" spricht,
in welchen „der große Kampf des europäischen Bürgertums gegen den Feudalismus" kulminierte. „Die erste war das, was wir
die Reformation in Deutschland nennen. Dem Ruf Luthers zur
Rebellion gegen die Kirche antworten zwei politische Aufstände:
zuerst der des niedern Adels unter Franz von Sickingen 1523,
dann der große Bauernkrieg 1525."[17] Der Bauernkrieg erhält erst
durch die Beteiligung bürgerlich-kapitalistischer Elemente seinen
eigentlichen weltgeschichtlichen Charakter: Die Bauern führen
zwar einen antifeudalen Abwehrkampf, aber nicht im bürgerlichen Sinne, sie sind von antikapitalistischen Zielen und Stim-
mungen geleitet (am stärksten in dem antistädtischen Programm
Michael Gaismairs), und ihr Kampf kommt höchstens objektiv

: objective or subjective 91

den bürgerlichen Interessen zugute. Das emporkommende Bürgertum dagegen ist *bewußter* Träger einer antifeudalen frühbürgerlichen Revolution; seine aktuellen Interessen tendieren auf die Errichtung einer neuen, fortschrittlichen Sozialverfassung; es ist aber — nach dieser Theorie — ohne die Bauern nicht in der Lage, seine revolutionären Ziele durchzusetzen, wie wiederum auch die Bauern — objektiv — nur zusammen mit dem Bürgertum die „feudale Reaktion" überwinden könnten. Aus der Überlagerung zweier Gegensatzpaare, (1) des Gegensatzes zwischen Bauern und Feudalherren und (2) des Gegensatzes zwischen Frühkapitalismus und Spätfeudalismus, werden die Besonderheiten der Klassenkämpfe zu Beginn des 16. Jahrhunderts und damit der Bauernkrieg erst verständlich.

Die These, Reformation und Bauernkrieg seien die erste Etappe des frühbürgerlich revolutionären Angriffs auf das Feudalsystem gewesen, wird dadurch gestützt, daß man einen Gegensatz zwischen den gerade in Deutschland besonders ausgebildeten frühkapitalistischen *Produktivkräften* (Bergbau, Textilindustrie, Handel) und den älteren, feudalistischen *Produktionsverhältnissen* (Territorialherrschaften, Zunftreglements, fehlende Bewegungsfreiheit zwischen Stadt und Land) nachweist. Dieser Gegensatz werde noch verschärft, weil eine zentralisierende nationale Monarchie fehlte, die allein den ökonomischen Fortschritt, die Entwicklung der kapitalistischen Produktion im Rahmen der feudalen Gesellschaftsordnung, hätte ermöglichen können; daraus wird die Zuspitzung des Gegensatzes zum Konflikt und das Bestehen einer revolutionären Situation gefolgert. Aufgrund dieser Argumentation ergeben sich — gemäß dem Gesetz des geschichtlichen Fortschritts — bestimmte objektive *Aufgaben* der Zeit, nämlich die Beseitigung aller Hemmungen, welche der Entwicklung des Kapitalismus im Schoße des Feudalismus im Wege standen, und zwar vor allem a) die Beseitigung der „feudalen" Papstkirche und der Abhängigkeit von Rom und b) die Überwindung der kleinräumigen Territorien, die Schaffung nationaler Marktverbindungen und zentraler Gewalten durch eine nationale Monarchie. Dagegen ging es noch nicht (diese Auffassung scheint sich inzwischen durchgesetzt zu haben) um eine Überwindung der feudalen Gesellschaft überhaupt; wo solche Tendenzen auftreten, haben sie nur antizipatorischen Charakter.

Der Prozeß der frühbürgerlichen Revolution wird in drei Perioden gegliedert: a) Eine *aufsteigende Linie der Klassenkämpfe*, der bäuerlichen und bürgerlichen Oppositionsbewegungen gegen Fürsten und feudale Reaktion von den dreißiger Jahren des

15. Jahrhunderts über die revolutionär interpretierte Reformatio Sigismundi und die Bauernaufstände zwischen 1477 und 1514 bis zum Beginn der Reformation. Bäuerliche und bürgerliche Bewegungen laufen nebeneinander her und verbinden sich gelegentlich. b) Der *Höhepunkt der Revolution:* Reformation und Bauernkrieg von 1517 bis 1525/26. c) Die *absteigende Linie der Klassenkämpfe* von 1525 bis 1536 (1531: Untergang Zwinglis; 1535: Eroberung von Münster und Niederwerfung der revolutionären Täufer, der Massenbewegung nach dem Höhepunkt der frühbürgerlichen Revolution; 1536: Wittenberger Konkordie). Diese Modellvorstellung von der frühbürgerlichen Revolution trifft auf gewisse Schwierigkeiten, weil das faktisch bauernfeindliche und damit profeudale sowie das weithin antikapitalistische Verhalten des Bürgertums ihr entgegenstehen. Angesichts dieses Problems hat sich innerhalb der marxistischen Forschung eine Kontroverse darüber entwickelt, wer als *sozialer Träger* der frühbürgerlichen Revolution anzusehen ist.

Smirin schließt aus dem Entwicklungsgrad frühkapitalistischer Verhältnisse auf zwar zahlenmäßig schwache, aber äußerst aktive radikale Zwischenschichten als Träger der frühbürgerlichen Revolution. Daneben hebt er unter Hinweis auf Lenins Analyse der bürgerlichen Revolution die Rolle der Volksmassen hervor. Bauern und progressive bürgerliche Schichten hätten sich schon im 14. Jahrhundert aus der Identität ihrer Interessen heraus gegen Ständeprivilegien, Leibeigenschaft und Usurpation der Gemeindeländereien durch die Feudalherren zum antifeudalen Kampf verbunden. Dagegen betont Epštejn die fortschrittliche Rolle der von Smirin dem feudalen Lager zugerechneten frühkapitalistischen Monopole und Handelsgesellschaften, die Hauptträger der ursprünglichen Akkumulation und entscheidender Faktor bei der Entwicklung der Produktivkräfte seien. Er verneint die Existenz radikaler bürgerlicher Schichten mit dem Hinweis auf den Gegensatz zwischen Bauern und Bürgern während des Aufstandes und spricht unter Berufung auf Engels, der die Annahme einer Bourgeoisie im 16. Jahrhundert verworfen habe, von einer „bürgerlichen Revolution ohne Bourgeoisie". Noch weiter geht Čajkovskaja, die mit ähnlichen Argumenten den bürgerlichen Charakter von Reformation und Bauernkrieg überhaupt bestreitet; dieser Standpunkt ist allerdings isoliert.

Auch in der deutschen marxistischen Forschung überwiegt die Tendenz, Reformation und Bauernkrieg von ihren „Aufgaben" her als bürgerlich-revolutionäre Bewegung ohne revolutionäres Bürgertum zu beschreiben. Die Annahme, daß eine entwickelte bürgerliche Klasse vorhanden sei, wird im allgemeinen vermieden; nur vereinzelt wird der Versuch gemacht, von den wenigen Ansätzen zur Klassenbildung her die frühbürgerliche Revolution zu interpretieren. Das mittlere und kleine Bürgertum gilt allgemein als „noch weithin zünftlerisch gebunden und befangen, in seinen Hauptvertretern an die feudalen Zustände gekettet und somit ohne Willen und Kraft zur Selbstbefreiung und Weiterentwicklung"[18]. Die Frage nach der Bourgeoisie als Träger der Revolution tritt hinter der Beschreibung entstehender kapitalistischer Verhältnisse zurück, die so weit entwickelt gewesen seien, daß es unter den besonderen politischen Bedingungen in Deutschland schon früh zum Zusammenstoß mit dem Feudalismus habe kommen müssen. Als entscheidender, die revolutionäre Situation erzeugender Gegensatz wird der Antagonismus von (Spät-)Feudalismus und Frühkapitalismus bezeichnet, ohne daß diese abstrakte Entgegensetzung mit anschaulichen empirischen Beispielen verknüpft wird.

Während für die *theoretische Analyse* des Charakters der frühbürgerlichen Revolution Haltung und Rolle des großen und mittleren Bürgertums von wesentlicher Bedeutung sind und schwierige Probleme aufwerfen, gewinnt für die *Analyse des faktischen Verlaufs* und der einzelnen Phasen der revolutionären Bewegung die Haltung der bürgerlichen Unterschichten großes Gewicht. Sie werden seit Engels in Analogie zur gesellschaftlichen Rolle des späteren Kleinbürgertums und seiner Haltung in der Revolution von 1848 als ernst zu nehmender Faktor gewertet und in ihren radikaleren Teilen als „Plebejer" bezeichnet. Zu dieser Schicht gehören die Masse der Stadtbewohner, die vom Bürgerrecht ausgeschlossen waren, und ein Teil der armen oder verarmten Bürger; also die abgesunkenen Teile der feudalen und zunftbestimmten Gesellschaft sowie die noch unentwickelten proletarischen Elemente der entstehenden bürgerlichen Gesellschaft. Diese Plebejer bilden zwar noch keine selbständige Klasse, sie bleiben weithin von anderen gesellschaftlichen Kräften abhängig und in ihrer Haltung schwankend. Sie treten jedoch als die treibenden Kräfte der Revolution in den Städten (Kampf gegen Mißwirtschaft oder Zunftoligarchie) in Erscheinung; mit der Erhebung der Bauern erhält die plebejische Bewegung eine neue, prinzipielle und konsequente Richtung gegen die Herren; die Plebejer werden neben den Bauern zum Träger der Revolution; auf ihren Druck wird die vorläufige Allianz mancher Städte mit den Bauern zurückgeführt. Der plebejischen Bewegung sei es jedoch nur in Thüringen — unter dem Einfluß Müntzers — gelungen, zu konsequenter revolutionärer Aktion vorzudringen; im allgemeinen sei sie dagegen ihren „kleinbürgerlichen Elementen" erlegen und habe weder die Allianz mit den Bauern noch die Revolution konsequent verfochten. — Das Verhalten des Bürgertums im ganzen wird nach dem Kriterium beurteilt, wieweit es die objektiven Aufgaben der Epoche gelöst, also das feudale System zurückgedrängt und umgebildet hat. Vor dieser Aufgabe hat das Bürgertum vor allem im Bauernkrieg versagt.

2. In der *westlichen Literatur* wird die Isolierung der Bauern von den anderen Ständen und damit der wesentlich bäuerliche Charakter der Gesamtbewegung stark betont (abweichend nur Kelter). Die Verbindung der Bauern mit der Bürgerschaft war nur vorübergehend. Nur wenige, zumeist ackerbürgerliche Städte, die eng mit den umwohnenden Bauern verflochten waren, haben sich der bäuerlichen Bewegung angeschlossen. Die Mehrzahl der Aufstandsbewegungen in den Städten aber war auf innerstädtische und reformatorische Ziele gerichtet, sie standen im großen und ganzen abseits der Bauernbewegung. Der Interessenhorizont von Städtern und Bauern war grundsätzlich verschieden. Fast nirgendwo scheint die Chance einer dauerhaften Allianz bestanden zu haben, da selbst die kleinbürgerlichen Schichten (Handwerker) nicht mehr bereit waren, die eroberte Macht zur Befreiung der Bauern und zur Ablösung der Herrschaftsrechte zu benützen. Die Theorie der „frühbürgerlichen Revolution" gilt als hypothetische Konstruktion. (Wo — wie bei Peuckert — die Epoche als revolutionärer Übergang zu einem bürgerlichen Zeitalter verstanden wird, erscheinen die Bauern gerade als Träger einer Gegenbewegung.)

III. Bauernkrieg und Reformation

1. Die Stellung des Bauernkriegs im Gesamtrahmen des frühen 16. Jahrhunderts wird in der *westlichen* Literatur, welche die Theorie der „frühbürgerlichen Revolution" ablehnt, vor allem im Zusammenhang mit der Frage nach dem Verhältnis von Bauernkrieg und Reformation erörtert. Für Rudolf Stadelmann gilt der Bauernkrieg als eine „Welle der deutschen Reformation". Er begründet dies mit dem Hinweis auf die Überzeugung der Bauern, mit der Forderung nach „Sicherung der lutherischen Predigt und einer klaren, an das Recht gebundenen Obrigkeit" in innerer Nähe zu Luther zu stehen und seine Ideen zu vollstrecken[19]. Joachimsen, Franz, Ritter, Fuchs und Waas stellen

diesen Zusammenhang nur in abgeschwächter Form dar; sie heben den Bauernkrieg als politisch-soziale Erhebung von der Reformation als religiös-geistiger Bewegung ab. Freilich ist die Gleichzeitigkeit nicht zufällig. Reformatorische Einflüsse haben direkt und indirekt den Ausbruch und den Verlauf des Bauernkriegs mitbestimmt.

Luthers Angriff auf die Kirche als die höchste aller Autoritäten und seine Lehre vom allgemeinen Priestertum hatten den Bauern aus einer Welt fragloser Autorität herausgelöst und ihn auf sein Gewissen, mehr aber noch auf die neue, nicht mehr oder noch nicht institutionell verwaltete Autorität der Bibel verwiesen, die damit zum Maßstab auch für irdische Verhältnisse werden konnte. Der Bauer war „witzig" geworden, er wurde auf seine Selbständigkeit hin angesprochen — das führte, obwohl es nicht in der Absicht der Reformatoren lag, zu einer steigenden Politisierung des gemeinen Mannes. Die reformatorischen Forderungen — Pfarrerwahl und evangelische Predigt — wurden zu einem neuen Element und Motiv der bäuerlichen Unruhen. (Die Wirkungen Zwinglis auf den Bauernkrieg in Oberdeutschland und Tirol — Balthasar Hubmaier, Michael Gaismair — sind allerdings noch nicht genügend untersucht.) Das Schlagwort von der „göttlichen Gerechtigkeit" wurde zum Vereinigungspunkt der verschiedenen Tendenzen: der altrechtlichen, der reformatorischen und der revolutionären des Bundschuh. Die Reformation wirkte also indirekt als mobilisierender, intensivierender und integrierender Faktor auf die bäuerliche Bewegung.

Sodann wird auf die Wirkung der beginnenden Gegenreformation hingewiesen. Zwar wird die ältere These (Stolze), der Bauernkrieg sei eine Abwehraktion gegen die Gegenreformation, heute von niemandem mehr vertreten. Es ist aber zu beachten, daß im Bewußtsein der Massen mit der Reformation die „berückende Vision einer nahen glücklichen Zukunft", die Hoffnung auf eine „rasche Lösung" auch aller rechtlichen, politischen und sozialen Fragen aufgetaucht war[20]; darum mußte der Beginn antireformatorischer Maßnahmen in Oberdeutschland (1524) eine starke Enttäuschung und wachsende Ratlosigkeit hervorrufen. Der letzte Damm, „der allenfalls die stürmischen Leidenschaften noch hätte bannen können"[21], sei damit gebrochen gewesen. Auch der Widerstand gegen die Reformation gehört wie die Reformation selbst zu den auslösenden Faktoren für den Ausbruch des Bauernkriegs. Die Grundursachen freilich sieht die westliche Forschung in den oben erörterten politisch-sozialen Konflikten. Auf einen anderen paradoxen Zusammenhang verweist Peuckert, wenn er den Bauernkrieg als „die große Auseinandersetzung zweier Reformationen einer Umbruchzeit"[22] beschreibt, als Konflikt zwischen Luthers theologisch motivierter Reformation, die urchristliche Überlieferung wiederherstellen will, und der politisch-sozialen Reformation der Bauern, die auf die Restauration mittelalterlicher Rechtsformen hinausläuft.

Es ist unbestritten, daß die Bauern, indem sie sich auf Luther beriefen, diesen mißverstanden haben. Luther ging es um das Heil der Seele, den Bauern um eine neue Ordnung ihrer ökonomischen, sozialen und politischen Verhältnisse. Luthers Schriften gegen die Bauern entspringen der inneren Konsequenz seines theologischen Ansatzes und nicht einer politischen Parteinahme für die Fürsten und Herren. Die Schroffheit, ja Brutalität seiner Stellungnahme dagegen entzieht sich jedem Versuch einer theologisch-historischen Rechtfertigung. Zweifellos ist bei Luther seither eine Verhärtung seines Obrigkeitsdenkens zu beobachten.

2. Die *marxistische Forschung* löst den Gegensatz von religiösgeistiger und politisch-sozialer Bewegung (Reformation und Bauernkrieg) in den Zusammenhang der „frühbürgerlichen Revolution" auf. Innerhalb dieses Zusammenhangs können dann beide Bewegungen von ihren Aufgaben und von ihren sozialen Trägern her unterschieden werden. Luthers Thesenanschlag eröffnete den Kampf gegen die feudale Papstkirche und ihre Ausbeutungspraxis. Dieser Kampf wurde von allen Schichten der Nation getragen, führend war das Bürgertum. Im ersten Stadium hatte die Reformation einen allgemeinen und progressiven Charakter, weil sie „keine einzige weitergehende Richtung"[23] ausschloß. 1520/21 aber trat der Klassencharakter der von Luther geführten Reformation, ihre „gemäßigt-bürgerliche" Orientierung, klar hervor; sie versagt vor der Hauptaufgabe, die antirömische Nationalbewegung in die antifeudale bürgerliche Revolution zu überführen. Die bis dahin einheitliche Bewegung differenzierte sich in mehrere religiös-politische Gruppen. Neben Luther und seine Anhänger tritt Müntzer als der Wortführer einer „Volksopposition" der „revolutionären Massen", der Bauern und Plebejer; der theologische Gegensatz zwischen Müntzer und Luther ist nur Ausdruck eines politischen Gegensatzes, Ausdruck der radikal antifeudalen Position Müntzers. Neben Luthers sogenannte „Fürstenreformation" (Reformation mit den Fürsten und zu ihren Gunsten) tritt Müntzers „Volksreformation"; sie stellt den eigentlich nationalen und demokratischen Weg für die Durchführung der frühbürgerlichen Revolution dar. Der Bauernkrieg gehört dann selbstverständlich in den Zusammenhang dieser

„Volksreformation" und liegt damit in der Konsequenz der als frühbürgerliche Revolution verstandenen Reformation.

IV. Die radikale „Partei" und Thomas Müntzer

1. Die Unterscheidung von in sich einheitlichen und gegeneinander polarisierten „Parteien" oder „Lagern" im Reformationszeitalter ist seit Engels in der *marxistischen Literatur* üblich; Engels hat sie aus der aktualisierenden historischen Literatur seiner Zeit übernommen, im Grunde geht sie — paradoxerweise — auf Luther zurück, der seine „linken" Gegner als einheitliche Sekte oder Rotte aufzufassen geneigt war. Auch in der bäuerlichen (plebejischen) Bewegung wird eine Parteiung in einen radikalen und einen gemäßigten Flügel aufgewiesen, wobei der entscheidende Gegensatz in der unterschiedlichen Interpretation des „göttlichen Rechts" gesehen wird. Das *gemäßigte Programm* (12 Artikel, Heilbronner Programm) gilt als Anpassung der Bauernforderungen an die zwinglianische Reformation. Das Prinzip des göttlichen Rechts habe hier nur die Funktion, die Veränderung der kirchlichen Verhältnisse zu begründen, während es die feudalen Grundlagen der Gesellschaftsordnung unberührt läßt. Die bäuerlichen Forderungen bleiben im Rahmen des bestehenden Systems; taktisch erscheint die gemäßigte „Partei" daher als die Partei des Kompromisses und des Verhandelns. Die *radikale „Partei"* (Artikelbrief, Tiroler Landordnung) — wie sie nach dieser Interpretation erscheint — versteht das Prinzip des göttlichen Rechts im Sinne einer durchgreifenden Umgestaltung der weltlichen Verhältnisse: Sie allein verficht das Prinzip der „Volksreformation", sie ist konsequent antifeudal (Schleifung der Schlösser) und demokratisch (alle Gewalt liegt bei der Gemeinde) und gilt als sozialistisch-egalitär (der Gemeinnutz sei für sie das Grundprinzip der sozialökonomischen Ordnung). In dieser Hinsicht geht sie aufgrund ihres plebejischen Charakters über das antifeudale Hauptziel der frühbürgerlichen Revolution schon hinaus — ihre entsprechenden Forderungen haben zwar im 16. Jahrhundert utopischen Charakter, aber zugleich die reale Funktion, die Revolution bedeutend über die objektiv möglichen Ziele hinauszuführen, um diese wenigstens erreichbar werden zu lassen. Die Radikalen bekennen sich zum Prinzip der revolutionären Gewalt, zur Kompromißlosigkeit und zu einer festen Organisation ihrer Anhänger. Sie sind zwar „immer nur eine kleine Minorität der insurgierten Masse"[24], aber sie sind der eigentlich

initiative und bestimmende Faktor im Verlauf des Krieges. Sie wurden zur „dräuenden Kraft der antifeudalen Revolution"[25].

An der Spitze der radikalen Bewegung steht Thomas Müntzer. Für die marxistische Forschung ist er es, der als eigentlicher Wortführer und Propagandist der Revolution alle revolutionären Programme und Gruppen im Bauernkrieg mehr oder minder direkt beeinflußt hat (Smirin), der die radikalen Strömungen zu einer Partei integriert und organisiert hat; darum ist die radikale Partei die Partei Müntzers, ihre Einheit besteht nicht nur in objektiv gleichartigen Forderungen, sondern in direkten Verbindungen zu Müntzer. Die Theologie Müntzers wird ideologiekritisch interpretiert. Die „Oberherrlichkeit der Theologie auf dem ganzen Gebiet der intellektuellen Tätigkeit"[26] führte dazu, daß alle revolutionären, gesellschaftlich-politischen Doktrinen „zugleich und vorwiegend" theologische Ketzereien sein mußten. Engels sieht in Müntzers Theologie offenbar vornehmlich einen „biblischen Deckmantel"[27], versteht sie also rein instrumental, ohne näher auf sie einzugehen; Smirin hat sie sehr eingehend als aufklärerische Anthropologie und Sozialphilosophie zu interpretieren versucht; Ernst Bloch hat schon 1921 eine sehr vertiefte existential-anthropologische Interpretation gegeben.

2. Während für die marxistische Forschung Müntzer der Protagonist des antifeudalen Kampfes in allen Hauptgebieten des Bauernkriegs ist und der thüringische Bauernkrieg, sein eigentlicher Aktionsbereich, darum in das Zentrum der Betrachtung rückt[28], gelten für die *westliche Forschung* Müntzer und der thüringische Bauernkrieg als Sondererscheinungen, die für die Gesamtheit des Bauernkriegs nicht typisch sind. Müntzer wird nicht nur als Revolutionär, dessen Bedeutung für Thüringen unbestritten ist, sondern — im Gegensatz zur marxistischen ideologiekritischen Reduktion — auch als genuiner Theologe angesehen. Freilich wird das Verhältnis seiner Theologie des inneren Wortes und des Kreuzes zur Revolution vielfach noch als Problem und nur psychologisch auflösbarer Widerspruch empfunden (Franz). Neuere Untersuchungen (Hinrichs, Nipperdey) haben aber den engen Zusammenhang von Theologie und Revolution aufgewiesen: es sind die spezifisch theologischen Probleme und Positionen Müntzers, die ihn zur Revolution führen. Dem „Theologen der Revolution" (Bloch) wird der „Rebell in Christo"[29] gegenübergestellt.

Die westliche Literatur beschreibt die Differenzierungen innerhalb der Bauernbewegung (wie überhaupt in der Reformation), ohne gegensätzliche Lager und Parteiungen herauszuarbeiten; sie sucht Personen und konkrete Gruppen zu erfassen, sie sieht ein reiches Kontinuum von Übergangserscheinungen, d. h., sie betont statt qualitativer Gegensätze die graduellen Abstufungen. Freilich ergeben sich dabei wesentliche Differenzen. Für Waas ist die bäuerliche Bewegung, vom Sonderfall Müntzers abgesehen, im wesentlichen einheitlich. Gegen alte und neue Bedrückungen suchten die Bauern ihre lokalen Forderungen auf der Grundlage der „göttlichen Gerechtigkeit" im Rahmen des Überkommenen friedlich und durch Verträge, die als letzte Weistümer verstanden werden können, zu lösen — 12 Artikel und Artikelbrief sind nicht Zeugnisse einer Parteiung, sondern einheitlicher Ausdruck der maßvollen Zielsetzung und des Bemühens um friedliche Lösung; radikale Strömungen haben keinen wesentlichen Einfluß. Erst in dem Augenblick, da ein Sieg der Bauern nahe schien, traten an verschiedenen Stellen neben diese Artikel Pläne einer grundlegenden politischen Umgestaltung, die weit über die Lage der Bauern hinauszielten. Doch wurden diese Ideen von bürgerlichen Gesinnungsgenossen an die Bauern herangetragen, deren Bewegung wurde in ihrem Kern dadurch nicht verändert. Der Gegensatz zwischen den 12 Artikeln und den Plänen einer politischen Revolution wird also dadurch aufgehoben, daß sie verschiedenen sozialen Trägern zugeordnet werden, die Einheit der bäuerlichen Bewegung wird von jenem Gegensatz nicht berührt. Franz dagegen löst jenen Gegensatz in einer einheitlichen Entwicklung auf. Die Bauernbewegung geht vom religiös-sozialen Charakter der 12 Artikel und der strikten Beschränkung auf die Durchsetzung evangelischer Grundsätze in der bäuerlichen Wirtschaftsordnung aus und wird zum Kampf um eine neue politische Ordnung, in der ein Großteil der Gewalt bei den Bauern und ihren Führern gelegen hätte; aus dem Kampf um die Ordnung des Dorfes wird eine politische Revolution; zwischen beiden Positionen sind die Übergänge durchaus fließend. Weil diese Entwicklung mit einer inneren historischen Notwendigkeit abläuft, ist die politische Schlußphase die für den Charakter des Bauernkriegs entscheidende Phase: die Tendenz zur politischen Umgestaltung ist der dominierende Grundzug der Bewegung, und das schon in den noch nicht ausgeprägt politisch bestimmten Anfängen des Bauernkriegs. Eine prinzipiell radikale „Partei" von politischer Bedeutung gibt es auch nach dieser Auffassung nicht; von radikalen Elementen ist nur im Zusammenhang mit Gewalttaten und Plünderungen die Rede.

C. Vergleichende Diskussion der Standpunkte

Für die wesentlichen Fragen des Historikers bleiben bisher die marxistischen wie die nichtmarxistischen Standardwerke über den Bauernkrieg noch einigermaßen unbefriedigend. Versucht man, die unterschiedlichen Positionen kritisch aufeinander zu beziehen, so ergibt sich zunächst folgendes:

1. *Strittig* ist, ob die Ausdehnung der Grund- und Leibherrschaft und ihre sozialökonomischen Konsequenzen oder die Ausdehnung der Gerichtsherrschaft mit ihren Konsequenzen für die rechtliche und politische Stellung der Bauern und der Dorfgemeinden gegenüber den Landesherrschaften für den Konflikt zwischen Bauern und Herren entscheidend sind. Die neueren Einzeluntersuchungen scheinen für die besondere Bedeutung der Gerichtsherrschaft zu sprechen; doch bleiben die Übergänge bei den Methoden, erhöhten Druck auf die Bauern auszuüben, fließend. Der Gegensatz zwischen politisch-rechtlichen und ökonomisch-sozialen Gesichtspunkten und Motiven scheint jedoch überbetont, ja künstlich verschärft zu werden. Die *westliche Forschung* hat gelegentlich die Tendenz, in Auseinandersetzungen mit ökonomisch-monokausalen Erklärungen die politischen Faktoren schroff zu isolieren und dabei implizit einen idealistischen Begriff von Politik vorauszusetzen; die *marxistische Forschung* vernachlässigt dagegen gerade die Fragen der rechtlichen und politischen Ordnung, sie geht in ihren konkreten Analysen vielfach von einem undialektischen Verhältnis von Basis und Überbau aus. Bei stärkerer Berücksichtigung der universalen Verflechtung politisch-rechtlicher und ökonomisch-sozialer Faktoren werden sich in konkreten Fragen viele Übereinstimmungen ergeben.

2. Die Franzsche *Gegenüberstellung von altem und göttlichem Recht* bedarf einer neuen Überprüfung; denn auch das alte Recht wurde ja als göttlich empfunden. Im Bauernkrieg (und in manchen Voraufständen) empfinden die Bauern das „alte", von den Herren bestrittene Recht nicht mehr als göttlich, daher rekurrieren sie auf die Bibel, um das bäuerliche Recht zu beweisen. Aus diesem Biblizismus entspringt dann, daß nicht mehr altes, sondern neues Recht gefordert wird. Diese Dialektik müßte noch weiter untersucht werden.

3. In der Beurteilung der faktischen politischen Tendenzen und Aktionen des Bürgertums besteht *weitgehende Übereinstimmung;* nur bei der Frage, wie die Rolle der in der westlichen Forschung lange vernachlässigten städtischen Unterschichten zu beurteilen ist, ergeben sich gewisse Diskrepanzen. Mag in der *westlichen*

Literatur die Hinwendung zur Fülle der konkreten Erscheinungen gelegentlich die notwendige Abstraktion (und — marxistisch gesprochen — die „Einschätzung") verhindern, so unterliegt die *marxistische Forschung* in der Frage des Verhältnisses von Bürgertum und Bauernkrieg offensichtlich einem Konstruktionszwang. Die Thesen von der frühbürgerlichen Revolution ohne Bürgertum und dem Versagen des Bürgertums vor den objektiven Aufgaben und erst recht der Versuch, den Bauernkrieg von daher zu interpretieren, erweisen sich schon durch ihre unauflösbaren Paradoxien als Konstruktionen. Der theoretische Ansatz, daß das kapitalistische Bürgertum die fortschrittliche Klasse war, und die faktische Feststellung, daß die „Plebejer" Träger der städtischen Revolutionen waren, und schließlich die Sympathie mit diesen Plebejern kommen trotz mancher Hilfskonstruktionen nicht zur Deckung. Das hängt damit zusammen, daß der bislang erarbeitete marxistische Begriff des Feudalismus dem Phänomen und Problem des absolutistischen Staates und damit dem Grundproblem der frühen Neuzeit nicht gerecht zu werden vermag.

4. Über die Beurteilung der Reformation läßt sich bei der ideologiekritischen Position des Marxismus *keine Einigung* erzielen. Gerade bei Luther und Müntzer sieht die *westliche Forschung* in der radikalen Reduktion der Theologie auf politisch-soziale Faktoren eine wirklichkeitsfremde Abstraktion. In bezug auf die politisch-sozialen Folgen der Reformation können sich dagegen zahlreiche Übereinstimmungen ergeben; die Frage nach einer „Klassen"bildung und -schichtung im 16. Jahrhundert und ihrem Einfluß auf die Bewußtseinsbildung ist — auch mit anderer Terminologie — in der westlichen Literatur noch wenig diskutiert. Die Unterscheidung von Fürsten- und Volksreformation wird zwar den Motiven der Beteiligten nicht gerecht, könnte aber im Hinblick auf die politischen Implikationen hingenommen werden, wenn diese Gegenüberstellung nicht zu unzulässiger Vereinfachung polarisiert würde.

5. Sofern die *marxistische Forschung* aus der radikalen Strömung eine einheitliche Partei unter dem Einfluß Müntzers machen will, verfällt sie wieder einem Konstruktionszwang: gerade Smirin verstrickt sich in gewaltsame, gekünstelt wirkende Hypothesen, um einen Einfluß Müntzers auf Hubmaier und den Artikelbrief nachzuweisen. Andererseits kann man an der Existenz politisch radikaler Gruppen im Bauernkrieg nicht vorbeigehen. Zwischen den Darlegungen von Smirin und Franz ergeben sich *auffallende Entsprechungen:* Die von Franz herausgearbeitete Grundtendenz

der Bauernbewegung und die Tendenz der von Smirin angenommenen radikalen Partei zielen beide auf eine antifeudale Revolution; die formale Frage, ob diese Revolution eher politisch oder eher ökonomisch-sozial zu interpretieren sei, bleibt *strittig*. Ebenso bleibt strittig, ob diese Revolution einen konservativen oder einen fortschrittlichen Charakter hat.

6. Damit verbindet sich die Frage nach der *allgemeinen Beurteilung* des Bauernkriegs, die hier im Zusammenhang mit der Frage nach den Ursachen für das *Scheitern des Bauernkriegs* zu behandeln ist. Mangel an Reiterei, an politischer und militärischer Führung, fehlende Einheitlichkeit und Beschränkung auf bestimmte Territorien sind nach westlicher, Desorganisation und fehlende Zusammenarbeit der Bauernheere — als Folgen territorialer Zersplitterung — nach marxistischer Meinung die naheliegendsten Ursachen für das Scheitern.

Wichtiger aber ist eine allgemeine Beurteilung der geschichtlichen Kräfte, die sich im Bauernkrieg gegenüberstanden. In der bäuerlichen Verteidigung des genossenschaftlichen Volksrechts und der dörflichen Autonomie gegen obrigkeitliches Herrschaftsrecht und zentralisierende Landesordnung kämpfen — so die *westliche Auffassung* — „das deutsche Spätmittelalter und die deutsche Neuzeit miteinander"[30]. Im Lager der Fürsten setzen sich gegen das mittelalterliche Bemühen um Ausgleich gerade die „modernen" Landesherren mit ihrem Streben nach einer konsolidierten „modernen" Staatlichkeit durch. In gewisser Weise repräsentieren die Bauern eine vergehende historische Epoche, die sie gegenüber den zukunftsmächtigen Gewalten der Neuzeit erhalten oder eigentlich wiederherstellen wollen. Insofern hat der Bauernkrieg eine konservative Tendenz.

Freilich wird aus dieser Gegenüberstellung nicht gefolgert, daß die Niederlage der Bauern historisch notwendig war. Solche Notwendigkeit bleibt Gegenstand hypothetischer Erwägung. Franz läßt die Frage offen, ob eine bäuerliche Reichsbildung auf genossenschaftlicher Grundlage 1525 noch möglich war oder ob „nicht doch" der Territorialstaat die notwendige Vorstufe zur nationalen Einheit (in diesem Horizont wird von ihm die Geschichte angesehen) sein mußte. Waas hält den Sieg der Bauern nicht für unmöglich und sozialgeschichtlich für wünschenswert, politisch aber sei er nicht wünschenswert gewesen, weil er die Auflösung Deutschlands nur weiter vorangetrieben hätte. In diesem Gegensatz von sozialen und politisch nationalen Erfordernissen liegt für Waas ein tragischer, nicht auflösbarer Konflikt.

Auch für die *marxistische Forschung* steht die Frage nach den

Ursachen der bäuerlichen Niederlage im Zusammenhang mit der epochalen Einordnung des Bauernkriegs, d. h. mit der Analyse der frühbürgerlichen Revolution. Entscheidend für den Ausgang ist das Scheitern der bürgerlichen Revolution.

Es ist begründet in der territorialen Zersplitterung Deutschlands und dem Fehlen einer nationalen Monarchie — was gleichermaßen revolutionierend wie auch hemmend wirkte —; im Fehlen einer starken bürgerlichen Klasse und einer entsprechenden Polarisierung der Gesellschaft; in der Tatsache, daß die bürgerliche Oberschicht, welche die erste Etappe der Reformation getragen hatte, den antifeudalen Kampf nicht weiterführte; und in der Tatsache, daß die bürgerliche Unterschicht (mit Ausnahme der Müntzerschen Partei) kein klares revolutionäres Bewußtsein entwickeln konnte und darum keine entschlossene Koalition mit den Bauern zustande kam. Von einem tragischen Widerspruch kann aber keine Rede sein: die Bauernbewegung gilt als fortschrittlich, als antifeudal und demokratisch; nationaler und sozialer Fortschritt sind weitgehend identisch. Auf die Beziehung der Bauern zum entstehenden modernen Staat wird nicht konkret reflektiert; das als möglich angenommene Bündnis der Bürger und Bauern bleibt abstrakt. Die Frage nach dem Scheitern des Bauernkriegs führt daher wieder zu der ungelösten Frage nach dem Verhältnis von frühbürgerlicher Revolution, Feudalismus und Absolutismus. Solange diese Frage nicht theoretisch befriedigend gelöst ist, bleibt die marxistische Einordnung des Bauernkriegs in die Universalgeschichte problematisch.

Anmerkungen

[1] MEW 1, 1972, S. 386.

[2] Deutsche Geschichte im Zeitalter der Reformation, Bd. 2, 1925, S. 165.

[3] *M. M. Smirin*, Deutschland vor der Reformation, deutsche Ausgabe 1955, S. 50.

[4] *Smirin*, ebd. S. 74.

[5] *Smirin*, ebd. S. 47.

[6] ZfG 13, 1965, 4, S. 691.

[7] Schmollers Jahrbuch für Gesetzgebung 65, 1941, S. 646.

[8] Bauernkrieg, [7]1965, S. 292.

[9] Ebd. S. 294; ähnlich W. P. Fuchs und W. Andreas; W. Treue hält den Wohlstand für umstritten, P. Joachimsen spricht von einer relativen Verschlechterung der wirtschaftlichen Lage der Bauern.

[10] *A. Waas,* Die große Wendung, HZ 159, 1939, S. 26; ähnlich Hartung.
[11] Vgl. *Franz,* Bauernkrieg, S. 293.
[12] *A. Waas,* Bauern, 1964, S. 35; im Original nicht kursiv.
[13] *Franz,* Bauernkrieg, S. 291.
[14] Siehe oben S. 85.
[15] Vgl. *L. Graf zu Dohna,* Reformatio Sigismundi, 1960, passim.
[16] *Franz,* Bauernkrieg, S. 90.
[17] *Marx — Engels,* Ausgewählte Schriften 2, Berlin (Ost) [10]1960, S. 94.
[18] Die frühbürgerliche Revolution in Deutschland 2, 1961, S. 12.
[19] Zeitalter der Reformation, 1956, S. 87.
[20] *G. Ritter,* Luther, 1962, S. 141.
[21] *Franz,* Bauernkrieg, S. 91.
[22] Die große Wende, 1948, S. 641.
[23] *M. M. Smirin,* Volksreformation, deutsche Ausgabe 1952, S. 49.
[24] MEW 7, 1960, S. 358.
[25] *Smirin,* Volksreformation, S. 648.
[26] *Engels,* MEW 7, 1960, S. 343.
[27] Ebd. S. 353.
[28] „Kulminationspunkt des ganzen Bauernkrieges", *Engels,* ebd. S. 339.
[29] *W. Nigg,* Buch der Ketzer, S. 351, zit. bei *Waas,* Bauern, S. 127, 130.
[30] *A. Waas,* Die große Wendung, S. 39.

Literatur

A. Quellen

Akten zur Geschichte des Bauernkriegs in Mitteldeutschland, Bd. 1 Abtlg. 1, hrsg. v. *O. Merx,* Leipzig 1923; Bd. 1 Abtlg. 2, hrsg. v. *G. Franz,* Leipzig 1934; Bd. 2, hrsg. v. *W. P. Fuchs,* Jena 1942. Neuausgabe Aalen 1964. — *G. Franz,* Der deutsche Bauernkrieg, Aktenband, München Berlin 1935, Darmstadt ²1968. — Quellen zur Geschichte des Bauernkrieges, hrsg. v. *G. Franz,* München 1963. — Flugschriften des Bauernkrieges, hrsg. v. *K. Kaczerowsky,* Hamburg 1970.

B. Darstellungen

I. Allgemeine Darstellungen eines größeren Zeitraumes

Westliche, nichtkommunistische Darstellungen: *G. Ritter,* Luther. Gestalt und Tat, München 1925, ⁶1959, Gütersloh 1962. — *P. Joachimsen,* Das Zeitalter der Reformation, in: Propyläen-Weltgeschichte, hrsg. v. *W. Goetz,* Bd. 5, Berlin 1930, S. 1—216. Erweiterter Neudruck unter dem Titel: Die Reformation als Epoche der deutschen Geschichte,

München 1951. — *W. Andreas,* Deutschland vor der Reformation. Eine Zeitenwende, Stuttgart 1932, ⁶1959. — *R. Stadelmann,* Das Zeitalter der Reformation, in: Handbuch der deutschen Geschichte, hrsg. v. *O. Brandt, A. O. Meyer, L. Just,* Bd. 2, Potsdam 1936. Neuausgabe bearb. v. *E. Naujoks,* Konstanz 1956, S. 1—132. — *G. Ritter,* Die kirchliche und staatliche Neugestaltung Europas im Jahrhundert der Reformation und der Glaubenskämpfe, in: Die neue Propyläen-Weltgeschichte, hrsg. v. *W. Andreas,* Bd. 3, Berlin 1941, S. 167—472. Neuausgabe unter dem Titel: Die Neugestaltung Europas im 16. Jahrhundert, Berlin 1950. — *W.-E. Peuckert,* Die große Wende. Das apokalyptische Saeculum und Luther, Hamburg 1948. Neuausgabe Darmstadt 1966. — *W. P. Fuchs,* Das Zeitalter der Reformation, in: *B. Gebhardt,* Handbuch der deutschen Geschichte, Bd. 2, Stuttgart ⁸1955, S. 1—104, ⁹1970, S. 1—117. — *W. Treue,* Wirtschafts- und Sozialgeschichte vom 16. bis zum 18. Jahrhundert, ebd. ⁸1955, S. 366—436. Neuausgabe unter dem Titel: Wirtschaft, Gesellschaft und Technik in Deutschland vom 16. bis zum 18. Jahrhundert, ebd. ⁹1970, S. 437—545. — *O. Brunner,* Land und Herrschaft, Wien-Wiesbaden ⁴1959, erstmals 1939. — *E. Hassinger,* Das Werden des neuzeitlichen Europa. 1300—1600, Braunschweig 1959, ²1966. — *J. Engel,* Von der spätmittelalterlichen respublica christiana zum Mächte-Europa der Neuzeit, in: Handbuch der Europäischen Geschichte, hrsg. v. *Th. Schieder,* Bd. 3, Stuttgart 1971, S. 1 bis 443. — *E. W. Zeeden,* Deutschland von der Mitte des 15. Jahrhunderts bis zum Westfälischen Frieden (1648), ebd. S. 445—580. — *H. J. Hillerbrand,* Christendom divided. The Protestant Reformation, London 1971.

Marxistische Darstellungen: *K. Kautsky,* Die Vorläufer des neueren Sozialismus, Teil 1: Von Plato bis zu den Wiedertäufern (Die Geschichte des Sozialismus in Einzeldarstellungen 1, 1), Stuttgart 1895. — *F. Mehring,* Die deutsche Reformation und ihre Folgen, in: *Ders.,* Historische Aufsätze zur preußisch-deutschen Geschichte, Berlin (Ost) 1946, S. 1—30, Stuttgart 1947 und öfter. — *L. Stern,* Die geschichtliche Gesamtlage Deutschlands zur Zeit der Gründung der Universität Wittenberg, in: 450 Jahre Martin-Luther-Universität, hrsg. v. *L. Stern,* Bd. 1, Halle 1952, S. 1—68. — *M. Steinmetz* (Hrsg.), Deutschland von 1476 bis 1648, Berlin (Ost) 1967.

II. Allgemeine Darstellungen des Bauernkrieges

Westliche, nichtkommunistische Darstellungen: *W. Zimmermann,* Allgemeine Geschichte des großen Bauernkrieges, Bd. 1—3, Stuttgart 1841—43. Neuausgabe Berlin (Ost) 1974. — *G. Franz,* Der deutsche Bauernkrieg, München Berlin 1933, Darmstadt ⁸1969. — *A. Waas,* Die große Wendung im deutschen Bauernkrieg, HZ 158, 1938, S. 457—491 und 159, 1939, S. 22—53. — *W. Abel,* Geschichte der deutschen Landwirtschaft vom frühen Mittelalter bis zum 19. Jahrhundert (Deutsche

Agrargeschichte 2), Stuttgart 1962, ²1967, S. 110—200. — *Ders.,* Agrarkrisen und Agrarkonjunktur. Eine Geschichte der Land- und Ernährungswirtschaft Mitteleuropas seit dem hohen Mittelalter, Hamburg Berlin ²1966, erstmals 1935. — *H. Buszello,* Der deutsche Bauernkrieg von 1525 als politische Bewegung. Mit besonderer Berücksichtigung der anonymen Flugschrift „An die Versammlung gemayner Pauerschaft", Berlin 1969. — *A. Gerlach,* Der englische Bauernaufstand von 1381 und der deutsche Bauernkrieg. Ein Vergleich, Meisenheim a. G. 1969. — *G. Franz,* Geschichte des deutschen Bauernstandes vom frühen Mittelalter bis zum 19. Jahrhundert (Deutsche Agrargeschichte 4), Stuttgart 1970, S. 131—150. — *F. G. Heymann,* The Hussite Revolution and the German Peasant's War. A Historical comparison, in: Medievalia et Humanistica, hrsg. v. *P. M. Clogan,* Cleveland London 1970, S. 141—159. — *W. Abel,* Landwirtschaft 1500—1648, in: Handbuch der deutschen Wirtschafts- und Sozialgeschichte, hrsg. v. *H. Aubin* und *W. Zorn,* Bd. 1, Stuttgart 1971, S. 386—413. — *W. Zorn,* Sozialgeschichte 1500—1648, ebd. S. 465—494. — The Social History of the Reformation, ed. by *L. P. Buck, J. W. Zophy,* Columbus/Ohio 1972 (darin *H. J. Hillerbrand,* The German Reformation and the Peasant's War, S. 106—136).

Marxistische Darstellungen: *F. Engels,* Der deutsche Bauernkrieg, 1850. Neudruck in Marx-Engels-Werke, Bd. 7, Berlin (Ost) 1960, S. 327 bis 413. — *G. Schilfert,* Engels' Schrift vom Bauernkrieg und die Quellen seiner Geschichtsauffassung, Phil. Diss. Halle 1948 (vgl. *A. Friesen* oben S. 34). — *M. M. Smirin,* Die Volksreformation des Thomas Müntzer und der große Bauernkrieg, Berlin (Ost) 1952, ²1956, erstmals 1947 (russische Ausgabe). — *Ders.,* Deutschland vor der Reformation. Abriß der Geschichte des politischen Kampfes in Deutschland vor der Reformation, Berlin (Ost) 1955, erstmals 1952 (russische Ausgabe). — *A. Meusel,* Thomas Müntzer und seine Zeit, Berlin (Ost) 1952. — *M. Bensing, S. Hoyer,* Der deutsche Bauernkrieg 1524—1526, Berlin (Ost) 1965, ²1970 (stark „militär"geschichtlich). — *G. Vogler,* Über den Sinn des Kampfes der Bauern im deutschen Bauernkrieg 1524—1526, Jahrbuch für Wirtschaftsgeschichte, 1967, S. 352—380. — *M. Steinmetz,* Forschungen zur Geschichte der Reformation und des deutschen Bauernkrieges, in: Historische Forschungen in der DDR 1960—1970. Analysen und Berichte zum XIII. Internationalen Historikerkongreß in Moskau, Berlin (Ost) 1970, S. 338—350.

III. Probleme

1. Vorgeschichte und Ursachen: Westliche, nichtkommunistische Darstellungen: *A. Rosenkranz,* Der Bundschuh. Die Erhebungen des südwestdeutschen Bauernstandes in den Jahren 1493—1517, Bd. 1—2, Heidelberg 1927. — *H. Nabholz,* Zur Frage nach den Ursachen des Bauernkrieges, in: Aus Sozial- und Wirtschaftsgeschichte. Gedächtnis-

107

schrift für G. v. Below, Stuttgart 1928, S. 221—253. — *H. Öhler,* Der Aufstand des Armen Konrad im Jahr 1514, Württembergische Viertel-jahrshefte für Landesgeschichte 38, 1939, S. 401—486. — *H. Wopfner,* Die Forschung nach den Ursachen des Bauernkrieges und ihre Förde-rung durch die geschichtliche Volkskunde, HZ 153, 1936, S. 89—106. — *K. S. Bader,* Bauernrecht und Bauernfreiheit im späteren Mittelalter, Historisches Jahrbuch 61, 1941, S. 51—87. — *E. Kelter,* Die wirtschaft-lichen Ursachen des Bauernkrieges, Schmollers Jahrbuch für Gesetz-gebung 65, 1941, S. 641—682. — *L. Graf zu Dohna,* Reformatio Sigismundi, Göttingen 1960. — *R. Pohl,* Die „gegenreformatorische" Politik der bayerischen Herzöge 1522—1528 unter besonderer Berück-sichtigung der Bauern- und Wiedertäuferbewegung. Ein Beitrag zur Geschichte Bayerns im 16. Jahrhundert, Phil. Diss. Erlangen 1972. — *D. W. Sabean,* Landbesitz und Gesellschaft am Vorabend des Bauern-krieges. Eine Studie der sozialen Verhältnisse im südlichen Oberschwa-ben in den Jahren vor 1525 (Quellen und Forschungen zur Agrarge-schichte 26), Stuttgart 1972 (Wisconsin Diss. 1969). — *P. Blickle,* Landschaften im Alten Reich. Die staatliche Funktion des gemeinen Mannes in Oberdeutschland, München 1973.

Marxistische Darstellungen: *H. Kamnitzer,* Zur Vorgeschichte des deutschen Bauernkrieges, Berlin (Ost) 1953. — *H. Köpstein,* Zu den Auswirkungen der hussitischen revolutionären Bewegung auf Deutsch-land, Phil. Diss. Berlin (Ost) 1957.

2. Einzelne Sach- und Teilbereiche: Westliche, nichtkommunistische Darstellungen: *G. Franz,* Die Entstehung der „12 Artikel" der deut-schen Bauernschaft, Archiv für Reformationsgeschichte 36, 1939, S. 193 bis 213. — *I. Schmidt,* Das göttliche Recht und seine Bedeutung im deutschen Bauernkrieg, Phil. Diss. Jena 1939. — *W. P. Fuchs,* Der Bauernkrieg in Mitteldeutschland, Welt als Geschichte 7, 1941, S. 83 bis 101. — *P. Böckmann,* Der gemeine Mann in den Flugschriften der Reformation, Deutsche Vierteljahrsschrift für Literaturwissenschaft und Geistesgeschichte 22, 1944, S. 186—230. — *F. Martini,* Das Bauern-tum im deutschen Schrifttum von den Anfängen bis zum 16. Jahr-hundert, Halle 1944. — *E. Walder,* Der politische Gehalt der zwölf Artikel der deutschen Bauernschaft von 1525, Schweizer Beiträge zur allgemeinen Geschichte 12, 1954, S. 5—22. — *H. Heimpel,* Fischerei und Bauernkrieg, in: Festschrift P. E. Schramm, Bd. 1, Göttingen 1964, S. 353—372. — *F. Zimmermann,* Unbekannte Quellen zur Geschichte des Bauernkriegs 1525 in Bayern, Zeitschrift für bayerische Landes-geschichte 27, 1964, S. 190—234. — *W. P. Fuchs,* Der Bauernkrieg von 1525 als Massenphänomen, in: Massenwahn in Geschichte und Gegen-wart, hrsg. v. *W. Bitter,* Stuttgart 1965, S. 198—207. — *H. Angermeier,* Die Vorstellung des gemeinen Mannes von Staat und Reich im deut-schen Bauernkrieg, VSWG 53, 1966, S. 329—343. — *R. Endres,* Der Bauernkrieg, in: Handbuch der bayerischen Geschichte, hrsg. v. *M. Spind-ler,* Bd. III 1, München 1971, S. 200—205.

Marxistische Darstellungen: *G. Zschäbitz*, Zur mitteldeutschen Wiedertäuferbewegung nach dem großen Bauernkrieg, Berlin (Ost) 1958. — *H. Köditz*, Die Volksbewegung in Mühlhausen in Thüringen 1523 bis 1573, Phil. Diss. Jena 1959. — *J. Schildhauer*, Soziale, politische und religiöse Auseinandersetzungen in den Hansestädten Stralsund, Rostock und Wismar im ersten Drittel des 16. Jahrhunderts, Weimar 1959. — *D. Lösche*, Achtmänner, Ewiger Bund Gottes und Ewiger Rat. Zur Geschichte der revolutionären Bewegung in Mülhausen in Thüringen 1523—1525, Jahrbuch für Wirtschaftsgeschichte 1960, Teil 1, Berlin (Ost) 1960. — *J. Macek*, Der Tiroler Bauernkrieg und Michael Gaismair, Berlin (Ost) 1965 (tschechische Ausgabe 1960). — *G. Günther*, „Altes Recht", „Göttliches Recht" und „Römisches Recht" in der Zeit der Reformation und des Bauernkrieges, Wissenschaftliche Zeitschrift der Karl-Marx-Universität Leipzig 14, 3, 1965, S. 427—434. — *K. Czok*, Revolutionäre Volksbewegungen in mitteldeutschen Städten zur Zeit von Reformation und Bauernkrieg, in: 450 Jahre Reformation, hrsg. von *L. Stern* und *M. Steinmetz*, Berlin 1967, S. 128—145. — *J. Mittenzwei*, Der Joachimsthaler Aufstand von 1525. Seine Ursachen und seine Folgen, Berlin (Ost) 1968.

3. Bauernkrieg, Reformation, frühbürgerliche Revolution: Westliche, nichtkommunistische Darstellungen: *O. Schiff*, Thomas Müntzer und die Bauernbewegung am Oberrhein, HZ 110, 1913, S. 67—90. — *P. Althaus*, Luthers Haltung im Bauernkrieg, Jahrbuch der Luther-Gesellschaft 7, 1925, S. 1—39. Neuauflage 1927, 1952, Darmstadt 1969. — *W. Stolze*, Bauernkrieg und Reformation, Leipzig 1926. — *F. Lütge*, Luthers Eingreifen in den Bauernkrieg in seinen sozialgeschichtlichen Voraussetzungen und Auswirkungen, Jahrbuch für Nationalökonomie und Statistik 158, 1943, S. 369—401. — *O. Vasella*, Ulrich Zwingli und Michael Gaismair, der Tiroler Bauernführer, Zeitschrift für schweizerische Geschichte 24, 1944, S. 388—413. — *T. Bergsten*, Balthasar Hubmeier. Seine Stellung zu Reformation und Täufertum 1521—1528, Kassel 1961. — *B. Moeller*, Reichsstadt und Reformation, Gütersloh 1962. — *Th. Nipperdey*, Theologie und Revolution bei Thomas Müntzer, Archiv für Reformationsgeschichte 54, 1963, S. 145—181, siehe oben S. 38 ff. (mit Literatur). — *M. Greschat*, Luthers Haltung im Bauernkrieg, Archiv für Reformationsgeschichte 56, 1965, S. 31—47. — *H. Lehmann*, Luther und der Bauernkrieg, GWU 20, 1969, S. 129—139. — *G. Pfeiffer*, Politische und religiöse Volksbewegungen Süddeutschlands im Zeitalter der Reformation, in: Demokratische Traditionen im Protestantismus, hrsg. von *J. Staedtke* u. a., München 1969, S. 31—58. — *L. P. Buck*, The Containment of Civil Insurrection: Nürnberg and the Peasant's Revolt 1524—1525, Michigan 1971. — *K. C. Sessions*, The War-Over-Luther and the Peasants. Old campaigns and new strategies, The Sixteenth Century Journal 3, 1972, S. 25—44.

Marxistische Darstellungen: *M. M. Smirin*, Die Rolle der Volksmassen beim Beginn des Kampfes um die staatliche Einheit Deutschlands (15. und 16. Jahrhundert), Sowjetwissenschaft. Gesellschaftswissenschaftliche Beiträge 1954, 5, S. 533—556 (russische Ausgabe 1954). — *O. G. Čajkovskaja,* Über den Charakter der Reformation und des Bauernkrieges in Deutschland, ebd. 1957, 6, S. 721—738 (russische Ausgabe 1956). — *J. Kuczynski,* Die Krise des Feudalismus in Deutschland, in: *Ders.,* Über einige Probleme des Historischen Materialismus, Berlin (Ost) 1956, S. 98—128. — *A. D. Epštejn,* Reformation und Bauernkrieg in Deutschland als erste bürgerliche Revolution, Sowjetwissenschaft. Gesellschaftswissenschaftliche Beiträge 1958, 3, S. 363 bis 392 (russische Ausgabe 1957). — *M. M. Smirin,* Wirtschaftlicher Aufschwung und revolutionäre Bewegung in Deutschland im Zeitalter der Reformation, Sowjetwissenschaft. Gesellschaftswissenschaftliche Beiträge 1958, 3, S. 243—265 (russische Ausgabe 1957). — *Ju. M. Grigoŕjan,* K voprosu ob urovne ėkonomiki, o charaktere reformacii i krest'janskoj vojny v Germanii, Vopr. istorii, 1958, 1, S. 123—139 (deutsch: Zur Frage nach dem Entwicklungsstand der Wirtschaft, nach dem Charakter der Reformation und des Bauernkrieges in Deutschland). — *J. Macek:* K diskussii o charaktere reformacii i krest'janskoj vojny v Germanii, ebd. 1958, 3, S. 114—121 (deutsch: Zur Diskussion über den Charakter der Reformation und des Bauernkrieges in Deutschland). — *S. M. Stam:* Čem žc v dejstvitel'nosti byla reformacija v Germanii?, ebd. 1958, 4, S. 110—113 (deutsch: Was war die Reformation in Deutschland in Wirklichkeit?). — Die frühbürgerliche Revolution in Deutschland. Referate und Diskussion zum Thema: Probleme der frühbürgerlichen Revolution in Deutschland 1476—1535, hrsg. v. *G. Brendler,* Berlin (Ost) 1961 (Tagung der Sektion Mediävistik der deutschen Historiker-Gesellschaft vom 21.—23. 1. 1960 in Wernigerode, Bd. 2). — *M. Bensing,* Thomas Müntzer und der Thüringer Aufstand 1525, Berlin (Ost) 1966. — *M. M. Smirin,* Der Kampf der Bergarbeiter Tirols und das sozial-politische Programm Michael Gaismairs, Srednie veka 29, 1966, S. 114—138 (russisch mit deutscher Zusammenfassung). Vgl. auch oben S. 32 und S. 34 ff.

Zusatz 1974

Für die marxistische Forschung und Deutung ist der Bauernkrieg Teil und Höhepunkt der frühbürgerlichen Revolution (vgl. meinen ersten Aufsatz in diesem Bande, insbesondere die Literaturangaben), darum hat das Interesse an einer differenzierenden Erforschung die bäuerlichen Lebensbedingungen, Forderungen, Bewegungen nachgelassen. Man versucht weiterhin, die Irrelevanz von Rechtsfragen und die ausschlaggebende Bedeutung der Veränderung der materiellen Existenzbedingungen zu betonen (*Günther* 1965), man versucht die hypothetische Koalition von

Bauern und durch den Frühkapitalismus geprägten Bürgern an Beispielen zu erweisen (z. B. *Macek, Smirin, Czok, Mittenzwei)*, *Smirin* versucht noch immer, eine radikale Einheit zwischen Müntzer und Gaismair zu konstruieren, *Macek* und andere (z. B. *Vogler* 1967) die überregional-nationale (ja internationale) Struktur und Zielsetzung der Bauernbewegung aufzuweisen, *Vogler* (1967) akzentuiert — gegen *Waas* — die orthodoxe Klassenkampf-Interpretation, teils durch Rekurs auf Quellenstellen (subjektiver Faktor), teils durch Verweis auf die „objektive" Funktion. *Bensing* (1966) räumt für den Thüringer Bauernaufstand immerhin religiöse Motive und die Bedeutung wohlhabender Bauern ein, wenn er das auch als Sekundärphänomene betrachtet. Die nicht-marxistische Forschung ist vor allem durch eine Reihe von differenzierenden regionalgeschichtlichen Analysen, aber auch durch einige größere Überblicke *(Abel, Buszello)* weitergekommen, hier ergeben sich einige neue Ansätze und manche Modifikationen älterer Positionen. *Blickle* hat die genossenschaftlich-politische Organisation der Bauernschaft in Teilen Oberdeutschlands, die für Ursachen und Charakter des Bauernkriegs wichtig ist, erstmals deutlich herausgearbeitet. *Sabean* hat für einen kleinen Bereich Oberschwabens nachgewiesen, daß hier von einer Steigerung des feudalen Drucks nicht die Rede sein kann, daß aber der Anstieg der Bevölkerungszahlen wesentlich ist; weiterhin hat er auf die Differenzierung der Landbevölkerung (z. B. Bauern und Unterschichten) und die daraus folgenden Spannungen nachdrücklich aufmerksam gemacht, schließlich weist er für seinen Bereich nach, daß nationale Ziele sowie die Ideen vom alten und vom göttlichen Recht der Bauernbewegung, einem Kampf der besser situierten Bauern für gemeindliche Autonomie, recht fern lagen. Für Bayern ist eine Parteinahme der Bauern für die Landesherrschaft nachgewiesen worden — das strenge und gegenreformatorische Regiment verhinderte Unruhen, schützte aber auch vor Übergriffen der Grundherren *(Zimmermann* 1964; *Endres* 1971; *Pohl* 1972) für Franken (*Endres* 1973) die antiklerikale, gegen eine Territorialisierung der Stifter gerichtete, aber zugleich antirevolutionäre Tendenz der Bauern. Während *Pfeiffer* (1969) die Gleichzeitigkeit und die Verbindung genossenschaftlich-antiherrschaftlicher und religiöser gemeindekirchlicher, reformatorischer Antriebsmomente für die Entstehung des Bauernkriegs betont, hat *Hillerbrand* (*Buck* 1972) betont, daß die religiöse Prägung der 12 Artikel nicht repräsentativ sei. *Buszello* hat im Gegensatz zu *Franz* und *Angermeier* herausgearbeitet, daß die große Mehrheit der Bauern nicht auf eine Neuordnung des

111

Reiches, eine (zentralisierende) nationale Revolution zielten, das sei nur bei Einzelgängern wie Weigandt und in den an die Schweiz angrenzenden Gebieten der Fall gewesen; er betont einmal den „landespatriotischen" Charakter der Aufständischen in den großen Territorien, die die gegebenen Herrschaftsverhältnisse bei Nivellierung der Vorrechte von Klerus und Adel anerkannten, und zum andern — das ist ein 2. Typus —, daß in den zersplitterten Gebieten die Aufständischen mit evangelischer Begründung, mit offensiveren Methoden und einer überlokalen Orientierung eine Ausdehnung der Partizipation und der genossenschaftlichen Autonomie forderten; im ganzen interpretiert er den Bauernkrieg als politische (aber keineswegs nicht-ökonomisch-soziale) Bewegung mit vorwiegend spätmittelalterlichen Zielen. Während über das Verhältnis der bäuerlichen Aufstände zu den Städten und zu stadtbürgerlichen Unruhen sich bisher keine wesentliche Revision der Forschung und der Interpretation abzeichnet, will *Peter Blickle* demnächst neue Thesen und Analysen vorlegen, nach denen der Bauernkrieg, mehr als in der nichtmarxistischen Forschung bisher angenommen, ein Aufstand des „gemeinen Mannes" in Land und Stadt gegen die bestehenden (politischen und ökonomischen) Herrschaftsverhältnisse gewesen sei. Schließlich ist von dem Altmeister der modernen deutschen Sozialgeschichte, *Hans Rosenberg*-Berkeley, ein Buch über den Bauernkrieg als die soziale Revolution des 16. Jahrhunderts zu erwarten.

Die Utopia des Thomas Morus und der Beginn der Neuzeit*

1. Von der 1516 erschienenen Schrift des Thomas Morus: De optimo reipublicae statu deque nova insula Utopia leitet sich eine neue literarische Gattung und eine neue Weise des politischen Denkens her. Auch wenn man wie Karl Mannheim oder Ernst Bloch die utopische Intention, die Intention auf ein noch Ungegebenes, das die jeweilige Wirklichkeit transzendiert und sprengt, als anthropologische Konstante ansieht, auch wenn man die Geschichte der Utopie mit Platons Politeia beginnt, wird man den Eindruck gewinnen, daß die Utopia des Morus einen epochalen Einschnitt darstellt, daß mit ihr eine neue Phase des wirklichkeitstranszendierenden Denkens und der politisch-sozialen Idealbildung anhebt[1]. Und diese neue Form des politischen Denkens ist offenbar nicht ein abseitiges und unerhebliches Phänomen, sondern das utopische Denken und sein Verständnis der Welt und des Handelns scheinen für das neuzeitliche Bewußtsein und die neuzeitliche Politik besonders charakteristisch zu sein. Wenn dieser Eindruck zutreffen sollte, dann wäre die Utopia eines der großen und ursprünglichen Zeugnisse, in denen der neuzeitliche Geist zu Beginn des 16. Jahrhunderts in Erscheinung tritt, sie gehörte in eine Reihe mit so gegensätzlichen, aber insgesamt für die Neuzeit konstitutiven Erscheinungen wie dem Principe des Machiavelli (1513), dem Kopernikanischen Weltsystem (1515 beginnt Kopernikus seine Untersuchungen) und dem Thesenanschlag Luthers 1517[2].

Dieser erste Eindruck von dem spezifisch neuzeitlichen Charakter der Utopia bedarf nun freilich genauerer Prüfung und Differenzierung, wenn man zu einer substantiellen Einsicht kommen will. Das ist um so notwendiger, als dieser neuzeitliche Charakter des Werkes von den Historikern häufig bestritten worden ist. Die sozialistische Interpretation[3] zunächst sieht im Kommunismus das Hauptmerkmal des Werkes und versteht es daher im wesent-

---

* Zuerst in: Die moderne Demokratie und ihr Recht. Festschrift Leibholz, Bd. 1, Tübingen 1966, S. 343—368. Diese Abhandlung ist hier um einen biographischen Abschnitt und um eine Bibliographie (bis 1974) erweitert, die sich zum Teil auf meinen Beitrag: Thomas Morus, in: Klassiker des politischen Denkens, Bd. 1, hrsg. von *H. Maier,* München 1967 u. ö. stützen.

lichen als Antizipation einer späteren Phase des gesellschaftlich-politischen Bewußtseins; wenn auch die besondere Art dieser Antizipation aus der Haltung des frühneuzeitlichen Bürgertums erklärt wird, so ist die Modernität der Utopia nicht die allgemeine Modernität des neuzeitlichen Denkens. Die konservative Interpretation dagegen betont die durchgängige Katholizität des Autors, des Märtyrers und Heiligen, sie versteht das Werk im wesentlichen aus der Tradition. Die Utopia ist eine Satire auf das zeitgenössische Europa[4] oder gar auf die heidnisch-vernunftgläubigen Utopier[5] — oder — das ist die tiefere Deutung: sie ist ein moralischer Appell an das christliche Gewissen der Zeit. Sie stellt nach dieser Auffassung jedenfalls *kein* ideales Gemeinwesen dar, ist *keine* Utopie im modernen Sinne[6]. Die historistische Interpretation schließlich versteht das Werk allein aus dem christlichen Humanismus des beginnenden 16. Jahrhunderts und isoliert es von allen übergreifenden Bezügen zur späteren Neuzeit, solche Bezüge gelten als unhistorische Konstruktionen. Den konservativen und historischen Interpretationen liegt eine hermeneutische Theorie zu Grunde, nach der ein Werk von der Absicht des Autors her zu verstehen ist. Die Möglichkeit, daß das Werk einen diese Absicht transzendierenden text-immanenten Sinn[7] haben könnte oder daß der Sinn des Werkes sich erst aus seiner — von der Absicht des Autors losgelösten — Funktion und Wirkung in der zeitgenössischen Welt verstehen ließe, kommt dabei nicht in den Blick. Bei dieser Lage der Forschung ist die Frage, ob und inwiefern der Utopia ein spezifisch neuzeitlicher, ja epochaler Charakter zuzusprechen ist, noch immer der näheren Überlegung wert.

2. Die Utopia ist als Dialog angelegt, der in zwei Teile gegliedert ist; von der Insel Utopia erzählt der Dialogpartner Raphael Hythlodaeus im zweiten Buch, im ersten Buch wird eine vehemente Kritik der zeitgenössischen politisch-sozialen Verhältnisse in England und Europa vorgetragen; beide Teile sind formal zusammengehalten durch die Erörterung der Frage, ob ein Philosoph Politiker, Berater des Herrschers sein solle und in welchem Verhältnis seine theoretischen Grundsätze zur Praxis der Politik stehen und stehen können. Das erste Buch ist nachträglich verfaßt worden und es dient unter anderem dazu, bestimmte Absichten, die der Autor mit dem Entwurf Utopia verfolgte, zu verdeutlichen; die dort von Raphael vorgetragene Zeitkritik ist zweifellos auch die des Autors[8]. Diese Kritik nun entzündet sich daran, daß die Diebe in England immer zahlreicher werden. Dieses Phänomen wird einer rationalen Analyse unterworfen: die Zahl der

Diebe nimmt zu, weil die Bauern im Zuge einer Umstrukturierung der Landwirtschaft — Übergang zur Weidewirtschaft, zu kapitalistischem Wirtschaftsverhalten, zur Akkumulation von Bodenbesitz — von Haus und Hof vertrieben und zu Bettlern gemacht worden sind. Das verbrecherische Handeln von Personen wird so — das ist der formale Gang der Analyse — zum Phänomen der Kriminalität zusammengefaßt und auf sozial-ökonomische Ursachen, auf eine Krise der Sozialverfassung, zurückgeführt. Die Kritik richtet sich deshalb nicht mehr gegen Sünde und Teufel, gegen allgemein-menschliche Unzulänglichkeiten, sie ist nicht eschatologische Buß- oder Hoffnungspredigt, sie ist vielmehr innerweltlich und konkret. Sie appelliert nicht mehr — im Sinne der Tradition — primär moralisch-pastoral an das Gewissen der Grundbesitzer oder gar an das der Diebe, sie richtet sich nicht so sehr gegen Personen, sondern vielmehr gegen Verhältnisse, gegen Institutionen. Schließlich — und das ist entscheidend — richtet sich die Kritik nicht gegen einzelne Züge der herrschenden Ordnung, sondern gegen diese Ordnung selbst. Die aufgezeigte Krise kann, so ist jedenfalls die Meinung des Raphael, nicht durch Teil-Reformen, etwa durch vermehrten Bauernschutz, gelöst werden. Die Kritik ist daher nicht partiell, sondern radikal; sie richtet sich grundsätzlich gegen das Ganze des Systems, und zwar gegen die Eigentumsverfassung als das Zentralstück des Systems; die Eigentumsverfassung ist die eigentliche Ursache der aktuellen Krise. Auf die Herausforderung einer fundamentalen Krise also antwortet die Kritik, und zwar eine von der traditionellen Kritik deutlich unterschiedene *weltimmanente, institutionelle* und *radikale* Kritik. Dasselbe Ergebnis hat die kritische Analyse der — kriegerischen — Außenpolitik der europäischen Mächte, auch hier zeigt sich eine Krise der bestehenden Ordnung: sie vermag nicht mehr den Frieden zu wahren, sie läßt es zu, daß die Mittel eines Landes für unproduktive Zwecke verschwendet werden — und auch das hängt letzten Endes mit der Eigentumsverfassung zusammen. Aus der Radikalität der Kritik — und der damit verbundenen Frage, wie eine Politik des kritischen Philosophen aussehen könnte — entspringt dann der bildhafte Entwurf der utopischen Welt als einer Gegenwelt, ja diese utopische Gegenwelt selbst ist die radikale Kritik der bestehenden Welt. Utopia ist eine Antwort auf die konkrete Krise der bestehenden Welt, der utopische Entwurf hat Antwort-Charakter.

Diese Gegenwelt, die da entworfen wird, ist natürlich eine andere Welt, sie ist dem Leser unbekannt, unvertraut, sie ist neu. Aber sie ist eine *mögliche* andere Welt. Sie ist nicht märchenhaft; nur die Verhaltensweisen, die sozialen Bedingungen und Institutionen der Menschen sind andere als in der wirklichen und bekannten Welt, aber doch in der Weise, daß diese Andersheit noch im Möglichkeitshorizont der Freiheit des wirklichen Menschen gedacht werden kann und in Sonderinstutionen, wie den Klöstern, auch partiell auffindbar ist[9]. Der Möglichkeitsgehalt der anderen Welt wird durch die Fiktion verstärkt, daß ein neu entdecktes Land beschrieben wird — Morus läßt seinen Berichterstatter an einer Reise des Amerigo Vespucci teilnehmen und verwertet dessen Nachrichten. Neben die wirkliche Welt wird also eine andere mögliche Welt, und zwar eine dem Menschen mögliche Welt gestellt.

Worin besteht nun das Anders-Sein dieser Welt? Fundamentaler als einzelne Institutionen — wie das kommunistische Gemeineigentum — ist zunächst das Faktum, daß die Gesinnung und Verhaltensweisen der Utopier von ihren Institutionen bestimmt sind. Schon die Kritik der zeitgenössischen Verhältnisse war ja darauf abgestellt, daß dem Diebeswesen primär nicht durch eine Änderung der Gesinnung, sondern durch eine Änderung der Verhältnisse begegnet werden müsse. Dieser Grundsatz, bei der Lösung bestimmter Probleme immer schon eine Maxime praktischer Politik, wird in Utopia zentral: die Institutionen bestimmen die Person — dieser Gedanke wird in der Utopia vor- und durchgeführt. Zwar ist, wie noch zu erörtern ist, das Personsein Ausgangspunkt und Ziel des utopischen Entwurfs, aber alles Gewicht liegt in der utopischen Welt doch auf den Institutionen. Die Kraft der objektiven Ordnung formt die Person bis in ihren Kern, sie ist es eigentlich, die den Menschen zu dem macht, was er ist. Weil die Ordnung gerecht, vernünftig und gut ist, ist auch der Einzelne gerecht, vernünftig und gut. Der gute Mensch ist nicht die Voraussetzung, sondern das Ergebnis der utopischen Ordnung; denn der Mensch oder die Person ist — das ist einer der wesentlichen neuen Gedanken in der Utopia, der in der Literatur bisher meist übersehen worden ist — sozial-institutionell bedingt. Das Anderssein der utopischen Welt also beruht nicht primär auf anderen Gesinnungen und nicht allein auf einzelnen anderen Institutionen, sondern auf einem, so können wir sagen, grundsätzlichen *Institutionalismus* des utopischen Weltentwurfs. Daß dieser Institutionalismus nur möglich ist, weil die Welt als ein *vollendetes* Institutionengefüge vorgestellt ist, wird sich noch zeigen.

Die andere Welt Utopia also ist eine institutionelle Welt. Und sie ist eine bessere Welt, denn sie ist vernünftig geordnet; die utopischen Institutionen sind bessere Institutionen, denn sie sind auf Vernunft, und zwar auf menschliche Vernunft gegründet. Die Strukturen Utopias beruhen nicht auf einer naturhaften oder göttlich gestifteten oder bloß überlieferten Ordnung, sondern sie sind das Werk von Menschen, sie entstammen der vernünftigen Überlegung der Utopier und zumal ihres Staatsgründers Utopus, und ihre Rationalität ist noch immer in ihnen präsent. Dementsprechend ist auch das Verhalten der Utopier vernunftgeleitet und daher, das scheint ganz selbstverständlich, moralisch „gut". Die Herrschaft der Vernunft ist identisch mit der Herrschaft des Guten, Einsicht und Wollen gehen bruchlos ineinander über. Mit der Vernünftigkeit sind zwei andere Leitkategorien der utopischen Welt verbunden. Zum einen: das Ziel einer vernunftgemäßen Ordnung ist Glück, glückendes und beglückendes Leben; das impliziert Ausschaltung von sozialer Not, von Arbeitsfron, von Krieg, von Ungerechtigkeit und Nötigung zum Bösen, und erfüllt sich im ruhigen Genießen der Welt und der Kultur — der Rehabilitation des Epikuräismus, der „voluptas", hat Morus ein eigenes Kapitel gewidmet. Zum andern: die Grundlage der vernunftgemäßen Ordnung aber ist die unaufhebbare Gleichheit der vernunftbegabten Menschen, die näher dann als Rechts-, Besitz- und Chancengleichheit entfaltet wird. Vernunft, Glück und Gleichheit — das sind die Kategorien der utopischen institutionellen Welt, die kritisch gegen die wirkliche Welt gewandt werden.

Schließlich ist noch ein zumeist übersehenes Strukturmoment von Utopia hervorzuheben; Utopia ist in einem sehr spezifischen Sinne eine *Welt*. In diesem Bericht über den besten Zustand einer res publica spielt die Sphäre des ‚Staates‘ im neueren Sinne keineswegs eine dominierende Rolle. Ausführlich wird die Eigentums- und Wirtschaftsordnung beschrieben. Und das geschieht nicht deshalb, weil sie kommunistisch ist und deshalb sozusagen in die ‚Kompetenz‘ des Staates fällt — der Erzähler bemerkt ausdrücklich, daß auch für den Zustand der *zeitgenössischen* Gemeinwesen die Wirtschaftsverfassung von konstitutiver Bedeutung ist. Der Bericht von Utopia berührt aber darüber hinaus eine Fülle von ‚unpolitischen‘ Sachverhalten; es wird über Arbeitsteilung, -gesinnung und -disziplin, über die ‚Freizeit‘, die Spiele, die Mahlzeiten, die Reisen, über die Mode, über Häuser, Gartenkultur und Stadtanlagen, über die Familienverfassung, über die Erziehung, über die Moral und die Lebensphilosophie, über die Art und die Stellung der Wissenschaften und natürlich über die Religion und ihre Institutionen berichtet —, im ganzen über eine Fülle von Sitten, von sozialen Institutionen, von objektivierten

Einstellungen. In all diesen Sachverhalten kommen Grundprinzipien oder Grundwerte Utopias — Vernunft, Kultur, Wohlfahrt, Liberalität und Toleranz — zum Ausdruck. Zugleich, und das ist nun entscheidend, stehen diese Sachverhalte in einem wechselseitigen Bedingungsverhältnis: sie konstituieren sich gegenseitig und damit zugleich das Gesamtgefüge der utopischen Welt. Wirtschaft, Arbeit, Erziehung, Kultur, Religion und Herrschaft bedingen und stabilisieren sich gegenseitig: das Strukturprinzip der utopischen Welt ist — wie wir formulieren können — das der *universalen Interdependenz*[10]. Darin gründet die Einheit und Stimmigkeit der utopischen Welt, darin gründet auch der utopische Institutionalismus, denn nur als interdependente Einheit können die Institutionen die Person wesentlich bestimmen. Damit ist schließlich ein besonderer Tatbestand des ‚Politischen‘ gegeben: die politische Struktur Utopias geht nicht in der Herrschafts- und Machtordnung auf, sondern ist mit der gesellschaftlich-kulturellen unlösbar verflochten; alle sozialen Institutionen sind politisch, der „Begriff" des Politischen ist nicht ‚rein‘ politisch, sondern soziologisch-universal. Diese Struktur der utopischen Welt und ihres politischen Zustandes wird allerdings in unserem Bericht nicht eigens reflektiert, aber sie ist das — anscheinend selbstverständliche — Ergebnis des Entwurfes Utopia.

3. Die Frage ist nun, welchen Sinn ein solcher Entwurf einer besseren, einer vernünftigen und geglückten, institutionellen und interdependenten Welt hat. Was meint und was bewirkt die Schilderung Utopias in der wirklichen Welt der Leser des Werkes. Wir halten uns zunächst an den Berichterstatter Raphael. Er ist — trotz gelegentlicher Reserven — der leidenschaftliche Befürworter der utopischen Einrichtungen, er ist der eigentliche Utopist. Die Haltung, die er in seiner Erzählung einnimmt und die er dem Leser zumutet, ist nicht die des Schön-wenn-es-so-wäre, dem nur die Resignation des Aber-so-kann-es-nicht-sein entsprechen würde. Utopia ist ihm wirklich und zugleich ein Ideal. Es stellt, fern von aller Beliebigkeit des Meinens und allem bloß Wünschenswerten, auch in dieser Welt einen verbindlichen Anspruch auf Verwirklichung: so soll — oder mindestens: so sollte — es sein; und dem entspricht seine freilich nicht ganz so sichere Erwartung: so kann — oder: so könnte — es sein. Die Befremdlichkeit utopischer Forderungen spreche, so argumentiert Raphael im ersten Buch, genau so wenig gegen ihre Wahrheit und Verbindlichkeit, wie die Befremdlichkeit der radikalen Forderungen Jesu in einer korrumpierten Welt gegen deren Wahrheit und deren Anspruch auf mögliche Verwirklichung spreche — und am Ende seiner

Erzählung beruft er sich noch einmal auf das Vorbild Christi, um den Verbindlichkeitsanspruch des utopischen Ideals herauszustellen.

Auch das Verhältnis des Berichterstatters zu dem utopischen Institutionalismus ist von diesem Verbindlichkeitsanspruch bestimmt. Es geht dem Raphael bei der Erzählung von den utopischen Institutionen wie bei der Kritik der zeitgenössischen Institutionen um die Person, um Ermöglichung und Verwirklichung der personalen Existenz, um das Leben ohne Nötigung zum Unrecht, ohne Versklavung an Armut, Arbeitsfron, Macht oder Besitz — es geht ihm darum, daß der Mensch bei sich selbst sein kann, seine Humanität nicht an die Welt verliert. Aber das Mittel, dieses Ziel zu erreichen, ist eben das Gefüge vernünftiger Institutionen Utopias. Die ungerechte Ordnung läßt den Menschen immer wieder ungerecht werden, die gerechte Ordnung aber läßt ihn gerecht sein. Darum müssen, das ist der implizite Anspruch des Erzählers, die Institutionen so umgebildet werden, daß sie die Person freilassen und zum Guten bestimmen; wer die Person will, muß die Institution gestalten. Der Einwand des Dialogpartners, daß gute Institutionen gute Menschen voraussetzten, soll gerade durch die Erzählung von Utopia widerlegt werden. Der Verbindlichkeitsanspruch, den der Utopist geltend macht, erstreckt sich also auch und gerade auf den Institutionalismus Utopias.

Dieser Anspruch nun ist für den Utopisten ein absoluter und unabdingbarer Anspruch, der nicht durch Abschlagszahlungen abgeschwächt oder umgebogen werden darf. Der Kompromiß des Politikers zwischen radikaler Forderung und der Wirklichkeit wird von Raphael — zumindest für sich selbst — ausdrücklich verworfen; das wäre eine verfälschende Anpassung, die er mit der kirchlichen Anpassung der Forderungen Jesu an die Gegebenheiten der Welt vergleicht und verurteilt. Andere Kompromisse sind von vornherein durch die Anlage der Erzählung ausgeschlossen. Es gibt keine philosophische Konstruktion, die aus der Norm der vernünftigen Gleichheit Herrschaftsverhältnisse deduzierte und legitimierte — und es gibt keine theologische Konstruktion, die die Wirklichkeit als Folge des Sündenfalls interpretierte und die utopische Idealität auf einen Zustand vor dem Sündenfall einschränkte. Auch die Möglichkeit, die radikalen Forderungen in der Sonderwelt des Klosters zu befriedigen, bleibt außer Betracht; der universale Gehalt der utopischen Normen kann nicht durch Eingrenzung auf einen partiellen Bereich entmachtet werden. Der Utopist will die Absolutheit seines Anspruchs gegenüber aller Relativierung der Wirklichkeit zur Geltung bringen und aufrecht erhalten.

Hier muß nun freilich nach der Haltung und Absicht des Autors gefragt werden, soweit sie im Werk manifest geworden sind. Dabei ist zunächst der Dialog selbst zu berücksichtigen. Neben Raphael steht der Dialogpartner Morus. Er widerspricht dem Absolutheits- und Unbedingtheitsanspruch des Utopisten mit dem Ernst des Realisten, der das Mögliche verantwortlich auf das Absehbare begrenzt und der Situation gerecht zu werden sucht, und der nicht wie der Utopist illusionistisch und radikal die konkrete Gegenwart überspringt und letzten Endes im Stich läßt. Nicht das Absolute, sondern das Mögliche gilt es jetzt und hier zu verwirklichen, das ist der Sinn seiner realistischen philosophia civilior, die er gegen die philosophia scholastica des Utopisten setzt. Und er stellt auch ausdrücklich die Erreichbarkeit und die Idealität utopischer Zustände — zumal des Kommunismus — in Frage oder zieht sie wenigstens in Zweifel; gegen den utopischen Institutionalismus wendet er ein, daß erst die Menschen gut sein müßten, ehe es die Institutionen sein könnten, damit aber sei nicht zu rechnen. Es ist nun aber eine in der Literatur immer wieder auftretende methodische Naivität, diesen Dialogpartner Morus mit dem Autor selbst zu identifizieren; sein Zweifel an der Weisheit der utopischen Einrichtungen am Schluß des Dialogs wird vom Autor ganz offen als konventionelle Meinung ironisch behandelt. Der Dialogpartner ist eine vom Autor erfundene Gestalt. Die fiktive Identifikation von Autor und Dialogpartner könnte zwar eine Nähe der Standpunkte anzeigen, aber sie könnte auch durchaus ironisch oder ambivalent zu verstehen sein[11]. Der Autor identifiziert sich zwar offenbar nicht einfach mit Raphael, aber er identifiziert sich auch nicht mit dem Dialogpartner Morus, seine Meinung bleibt in der Schwebe, er gibt ihnen anscheinend beiden bis zu einem gewissen Grade Recht.

Auch aus dem Bericht des Raphael über Utopia könnte man auf die Haltung des Autors zu schließen suchen. Die grundsätzliche Annahme des Raphael nämlich, daß der Mensch durch die utopischen Institutionen innerlich und ganz und gar zum Guten bewogen sei, wird nicht durchgehalten, an manchen Stellen bricht der Zweifel an dieser Annahme durch — es gibt Außenseiter und Verbrecher, es gibt harte Sanktionen, die das Ausbrechen der eigentlich guten Utopier aus ihrer guten Ordnung verhindern sollen, es gibt die christliche Vorstellung von Lohn und Strafe nach dem Tode, die als letzte Sanktionen die Moral begründen. Das setzt eben doch voraus, daß die Institutionen nicht in jedem

Falle das Innere der Person bestimmen. Diese Unausgeglichenheit der Erzählung scheint eine gewisse Distanz des Autors von der Position des Raphael anzuzeigen, ohne daß doch diese Position ausdrücklich relativiert oder verworfen würde.

Sodann muß man, will man die im Text manifest gewordene Absicht des Autors verstehen, berücksichtigen, daß Autor und Leser Christen sind und in einem unbestritten christlichen Auslegungshorizont leben und denken. Von daher ergibt sich ein selbstverständlicher Abstand zu den Einrichtungen der heidnischen Utopier, zu ihrer bloßen Vernünftigkeit und zu den Zügen ihrer Ordnung, die christlichen Lehren widersprechen, ohne daß dieser Abstand im Text eigens zur Sprache kommen müßte. Manche Institutionen und Ansichten der Utopier, zumal in religiösen und ethischen Dingen — Selbstmord, Ehescheidung, Gottesvorstellung —, sind durch das Christentum zweifellos überholt und außer Kraft gesetzt, ihnen kann keine Verbindlichkeit zukommen. Aber im einzelnen ist es schwierig, den Abstand zwischen dem Christentum und dem utopischen Heidentum genau zu bestimmen. Bei näherem Zusehen ist er viel geringer, als man zunächst annehmen könnte. Man muß sich klarmachen, daß für den vortridentinischen Katholizismus viele Fragen noch durchaus offen und diskutabel waren, und das gilt insbesondere für die traditionskritischen und diskussionsfreudigen christlichen Humanisten, solange die Reformation nicht die Fronten polarisierte, das experimentierende Denken zum Erliegen brachte und Konfessionen oder Traditionen konsolidierte[12]. So war z. B. vor der Reformation eine Diskussion des Kommunismus innerhalb des katholischen Denkens noch durchaus möglich; die negativen Äußerungen des älteren Morus lassen keine eindeutigen Schlüsse auf seine Position von 1515/16 zu, sie können sehr wohl mit der Erfahrung der von der Reformation ausgelösten revolutionären Bewegung zusammenhängen. Auch die scheinbaren Widersprüche zwischen dem utopischen Epikuräismus und der traditionell christlichen Lebensauffassung, zwischen der utopischen Toleranz und dem weitgehenden Absolutheitsanspruch des Christentums lösen sich, wenn man die humanistische Interpretation der christlichen Religion berücksichtigt, auf. Wichtiger als diese Einzelpunkte ist die grundsätzliche Frage nach dem Verhältnis von utopischem Heidentum und humanistischem Christentum. Daß es für Morus im Leben zuletzt um das transzendente, das eschatologische Heil geht und daß das Heil sich nur in der Transzendenz vollendet, ist gewiß; das ist dem politisch-sozialen Heil in Utopia, dieser weltimmanenten Heilshoffnung, übergeordnet, Utopia ist kein

Eschaton. Der humanistischen Versöhnung von Vernunft und Glauben entspricht es aber, daß der heidnisch-rationale Versuch einer besseren Ordnung der Welt durchaus anerkannt wird: das Heidentum, seine weltimmanenten Ziele und seine pure Vernünftigkeit werden bis zu einem gewissen Grade rehabilitiert, hier besteht kein grundsätzlicher Gegensatz. Von daher ist auch das Problem des Institutionalismus zu beurteilen. Der christliche Autor hat offenbar an dem utopischen Glauben, daß die Person durch die Institutionen wesentlich geformt würde, trotz des Einwandes des Dialogpartners Morus keinen grundsätzlichen Anstoß genommen. Sonst bliebe unklar, warum er Utopia gerade als Institutionengefüge entworfen hat. Er hat den Gegensatz von Personalismus und Institutionalismus nicht für absolut gehalten. Seine Anthropologie ist nicht radikal pessimistisch, stellt nicht auf die totale Sündhaftigkeit des Menschen ab. Darum ist es möglich, daß auch der vernünftige Mensch, und der Christ zumal, der nicht „gut" ist, gute Institutionen erstrebt und errichtet und daß diese Institutionen, gerade weil der Mensch nicht schon gut ist, sein Gutsein bestärken und neu ermöglichen. Person und Institution konstituieren sich gegenseitig, das scheint die vermittelnde Position des Morus zwischen einem christlichen Personalismus und dem heidnisch-utopischen Institutionalismus zu sein — wenn er nicht beiden Positionen gegenüber unentschieden gewesen sein soll —, und damit wird dieser Institutionalismus christlich immerhin partiell gerechtfertigt. Das christliche Selbstverständnis steht so im ganzen in einer korrektiven Spannung zum utopischen Ideal, ohne dieses doch zu negieren. Auch der Rekurs auf das Christentum des Autors kann daher seine Absicht nicht eindeutig klären.

Aus diesen Überlegungen sind nun einige Folgerungen zu ziehen. Utopia ist im ganzen für Morus kein Programm einer fundamentalen Veränderung gewesen. Er hat eine solche Welt aus christlicher wie rationaler Einsicht für nicht erreichbar und vielleicht auch nicht in jeder Beziehung für wünschenswert gehalten. Utopia ist offenbar nicht schlechthin der Idealstaat des Morus. Morus also ist kein Utopist, das teilt sich auch dem unbefangenen Leser der Utopia mit. Aber er ist auch kein Gegner Utopias. In vieler Hinsicht scheint ihm Utopia eine bessere Welt. Utopia ist mit leidenschaftlichem Ernst als positives Gegenbild gegen die zeitgenössische Wirklichkeit entworfen. Utopia ist daher keine bloße Satire und auch kein bloßer Appell an die christliche Gesinnung. Denn Morus hat Utopia als eine Welt von Institutionen entworfen, und dieses Faktum läßt sich nicht aus der Absicht erklären, einen Wandel der Gesinnung zu propagieren — eine solche Interpretation würde ohne Grund den eigentlichen Anspruch, der in Utopia steckt, entschärfen.

Die Meinung des Autors bleibt so in einer merkwürdigen Schwebe intellektueller Ambivalenz: weder identifiziert er sich mit Utopia als dem in jeder Beziehung wünschenswerten oder erreichbaren Ideal, noch verwirft er Utopia als eine bloße heidnische Phantasie, noch schränkt er den Anspruch Utopias auf bloße Satire oder auf moralischen Appell ein. Weder identifiziert er sich mit dem unbedingten Anspruch einer idealen Forderung an die Wirklichkeit noch mit deren Anpassung an die Wirklichkeit. Diese Schwebe, in die der Autor den Leser mit hineinzieht, macht nun aber offenbar gerade den Sinn des Werkes Utopia aus. Die Utopia ist ein Gedankenexperiment; in ihr wird der Gedanke einer geglückten und vernünftigen institutionellen Welt mit dem ihr inhärenten Verbindlichkeitsanspruch experimentierend konsequent ausphantasiert und zugleich realistisch in Zweifel gezogen, ohne daß doch dieser Zweifel jenes Experiment zur Absurdität degradierte. Neben dem Bewußtsein von der Möglichkeit Utopias steht das Bewußtsein von der Unmöglichkeit Utopias in der gegebenen Wirklichkeit — dann jedenfalls, wenn man die Maßstäbe dieser Wirklichkeit der Entscheidung über das Mögliche zugrundelegt; diese Entscheidung aber bleibt im Werk gerade aufgespart. In dieser Schwebelage gründet das Spielerische, das der Utopia anhaftet; sie ist nicht nur Entwurf einer Gegenwelt, sondern auch Spiel mit dieser Gegenwelt.

Freilich ruht das utopische Spiel nun nicht wie ein reines Spiel in sich selbst, sondern es weist über sich hinaus, es hat — die unendlichen direkten und indirekten Bezüge auf die Zeit machen es deutlich — eine *Funktion* in der Wirklichkeit, und von dieser Funktion her bestimmt sich sein Sinn. Das Gedankenexperiment eröffnet einen neuen Denk- und Vorstellungsraum. Dadurch wird die wirkliche Welt in ihrer Wirklichkeitssicherheit erschüttert, sie ist nur eine unter den denkmöglichen Welten, und der Leser wird provoziert, die Wirklichkeit, ihre Institutionen, Traditionen und Dogmen vergleichend und kritisch zu prüfen und einen Maßstab der Kritik zu wählen, der außerhalb der gegebenen Wirklichkeit liegt — und zwar gleichgültig, wie er zu Utopia steht. Der utopische Entwurf relativiert die Wirklichkeit, und diese Relativierung ist nicht die aus der Tradition überlieferte theologischeschatologische, sondern eine kritisch-rationale, weltimmanente Relativierung. Sie fordert die humanistischen Leser des Morus zur Diskussion anderer und besserer Möglichkeiten und Wirklichkeiten auf.

Aber die Funktion der Utopia beschränkt sich nicht auf eine Relativierung der Wirklichkeit und das Eröffnen eines Diskussionsraumes — und hier geht das Werk in seiner Konsequenz und in seiner Wirkung vielleicht über die Absicht des Autors hinaus, ohne ihr doch zu widersprechen. In der Schwebe zwischen dem Verbindlichkeitsanspruch, den der Weltentwurf Utopia erhebt, und dem Zweifel, ob seine konkreten Strukturen realisierbar seien, der vorgespielte relative Vollendungszustand wirklich sein könne, in dieser experimentierenden Ambivalenz enthält das Werk doch eine feste Aussage und eine nicht zu überhörende Aufforderung. Die Aussage heißt, daß diese Welt als eine Welt unter möglichen anderen verändert werden kann, und die Aufforderung, daß sie verändert werden soll. Und zwar bezieht sich diese Aufforderung offenbar nicht darauf, Utopia in der Welt zu kopieren — Utopia ist kein Programm —, und wohl nicht darauf, überhaupt irgendeinen Vollendungszustand in dieser Welt zu realisieren. Wohl aber bezieht sich diese Aufforderung auf das Faktum grundsätzlicher — und offenbar kontinuierlicher — Veränderung und Verbesserung und auf die Grundrichtung dieser Verbesserung: die Welt soll durch Institutionen umgestaltet werden, denn die Institutionen haben, wie immer es mit dem Verhältnis von Person und Institution stehen mag, eine entscheidende Bedeutung für das glückende Leben und das Gutsein des Menschen; die Welt soll auf Vernunft gegründet werden, damit sie ins Lot kommt, damit dem Menschen ein menschliches Leben ermöglicht wird. Und die Vorstellung der Vollendung, die Absolutheit eines Ideals, mag jedenfalls als regulative Idee die Veränderung leiten. Das ist die Verbindlichkeit, die das Werk Utopia beansprucht. Das Land Nirgendwo ist in diesem strukturellen Sinne auch das Land, das einmal Irgendwo sein soll. Der neue Denk- und Vorstellungsraum eröffnet so auch neuen Handlungsraum, wennschon freilich die Bedingungen und Möglichkeiten des Handelns vorerst noch ganz abstrakt bleiben.

4. Damit bezeugt die Utopia ein neues Weltverständnis. Die Welt ist nicht nur einfach gegeben oder gar fertig und der menschlichen Aktivität daher weitgehend entzogen, sondern sie ist dem Menschen aufgegeben, daß er sie in die Hand nehme und sie neu und vernünftig formiere. Die Ordnung der Welt ist nicht etwas, was zu bewahren oder wiederherzustellen ist, sie ist weder in der Heilsordnung — in Schöpfung, Sündenfall und Erlösung — noch in der Tradition festgelegt und sanktioniert, sondern sie ist vom Menschen durch Vernunft heraufzuführen, ja zu produzieren. Darin liegt m. E. das spezifisch Neue und Neuzeitliche der

Utopia, darin unterscheidet sie sich wesentlich vom Weltverständnis des Mittelalters. Im Mittelalter hat es eine Utopie im beschriebenen Sinne nicht gegeben, und es konnte sie auch nicht geben. Denn in den Ordnungen des Lebens und der Welt, des Staates und der Gesellschaft war Gottes Gerechtigkeit zwar durch den Sündenfall korrumpiert, aber doch substantiell gegenwärtig, eine innerweltlich bessere Ordnung konnte darum institutionell nicht eine grundsätzlich andere sein. Wunsch und Hoffnung im politischen Bereich richteten sich vornehmlich auf Gesinnungen und Personen, zumal auf den Fürsten. Die Fürstenspiegel und ihr Bild vom guten Fürsten sind eine der Grundformen der politischen Idealbildung, diese Ideale aber stimmen mit den institutionellen Traditionen überein. Jede institutionelle Reform ist — das wäre eine andere Form der Idealbildung — reformatio, Wiederherstellung eines früheren richtigen Zustandes, nicht aber eigentlicher Neubau; das gute Recht ist das alte Recht; hier verbindet sich das christliche Geschichtsverständnis mit dem fundamental-archaischen Zug menschlicher Lebens- und Weltauffassung, der Heiligung der Tradition, der Orientierung der Wahrheit am Gewordenen. Dazu kommt, daß die Lebensrichtung des Menschen im Mittelalter eine andere war. Der Sinn des Lebens erfüllt sich in der Gegenwart, in der über das Heil entschieden wird, und in der Ewigkeit; die Ewigkeit ist der Ort der Transzendenz; die Zukunft ist darum primär nicht weltimmanente, sondern welttranszendente Zukunft. Und trotz aller Institutionalisierung der Religion hat das Mittelalter theoretisch entschieden am Vorrang der Person und der Gesinnung vor der Institution festgehalten. Aus diesen Gründen hat alles politisch-soziale Wünschen und alle entsprechende Idealbildung nur einen vorläufigen und sekundären Charakter. Das Maß, an dem die Wirklichkeit gemessen und gerichtet wird, liegt nicht in einem säkularen Utopia, sondern in der überweltlichen Transzendenz, im Reich Gottes. Und Gott allein ist es, der dieses Reich heraufführt. Das gilt auch für die chiliastisch-revolutionären Bewegungen des Mittelalters. Ihnen ging es zwar um wirkliche Neuordnung, auch wenn sie sich auf paradiesische Zustände und ihre Wiederherstellung bezogen; und die Grenze von welttranszendenter und weltimmanenter Weltvollendung wurde — etwa in der joachitischen Geschichtsphilosophie — fließend. Aber die Neuordnung war nicht Sache des Menschen, sondern Sache Gottes, sie entsprach eschatologischer Notwendigkeit, war auf Gottes Stunde zentriert. Darum gilt für die kirchlich-legitimen wie für die häretischen Bewegungen, daß die Zeit Gottes Zeit war, die Geschichte Gottes Geschichte, die geschichtlich — innerweltliche Zukunft Gottes Zukunft, die prinzipielle Ordnung der Welt Gottes Weltordnung, so unterschiedliche Meinungen über deren konkreten Inhalt auch bestehen mochten. Mit der Schrift Utopia, mit dem ihr impliziten Weltverständnis aber wird die Welt grundsätzlich der vernünftigen Prüfung und der menschlichen Aktivität anvertraut. Es gibt eine neue innerweltliche Transzendenz, an der die Wirklichkeit gemessen wird und der man nachstrebt, ohne daß die eschatologische Transzendenz ausgeschlossen würde. Die Institutionen bekommen gegenüber der Person — der Seele — ein erhöhtes Gewicht. Innerweltliche Zukunft wird zur eigentlichen Dimension des menschlichen Handelns und zu einem Erwartungsraum sinnvoller Lebenserfüllung, das ist das in der Schrift Utopia und ihrem Anspruch auf Weltveränderung implizierte Zeitverständnis. Nun ist es freilich auffällig[13], daß die Utopia ihr Ideal nicht in der Zeit, sondern im Raum, in einem Ort in oder neben der Welt, ansiedelt. Das liegt wohl daran, daß die Zeit und die Zukunft durch Eschatologie und Geschichtstheologie „besetzt" waren. Die Ablösung von eschatologischer Notwendigkeit und die freie Konstruktion eines Vernunftideals mußte sich zunächst an den Raum halten. Der Raum war die Dimension der Freiheit, ehe eine säkulare Zeit und eine offene Zukunft wirklich bewußt geworden waren. Gerade weil die Welt Utopia ein Raum ist, steht sie in so merkwürdiger Abgehobenheit von der Wirklichkeit. Aber mit der neuen Weltauffassung des Werkes, der Auffassung der Welt als des Raumes möglicher Gestaltung und Vollendung durch den Menschen, ist doch notwendig eine neue Zeitauffassung gesetzt; schon der Humanist Budé[14] hat den Zeitakzent gespürt und von Udepotia gesprochen, dem Lande Nirgendwann, dem doch der geheime Aufforderungscharakter des Irgendwann anhaftet, und dieses Zeitbewußtsein ist dann im 18. Jahrhundert voll entfaltet worden. Grundsätzlich aber ist schon das Zeit- und Weltverständnis der Utopia das der Neuzeit. Darum gehört sie zu den wesentlichen Zeugnissen und Faktoren, die den Anbruch der Neuzeit charakterisieren.

Auch das in der Utopia zu Tage tretende Strukturprinzip der Welt, das Prinzip der universalen Interdependenz, ist ein neuzeitliches, nicht mehr mittelalterliches Prinzip. Auch im Mittelalter wird — wie in der Antike — die politisch-soziale Welt als universale Lebensordnung verstanden, Staat und Gesellschaft, res publica und societas civilis werden noch nicht unterschieden, ja sie sind identisch. Insofern erscheint die utopische Weltstruktur noch mittelalterlich. Aber das Strukturprinzip der mittelalterlichen Welt ist das des Kosmos. Dieser Kosmos ist eine göttlich gefügte Ordnung von substantiellen und geschlossenen Teilwelten, wie Haus und Stand, Staat und Kirche, und er ist eine statische Ordnung. Die Teilbereiche sind in sich hierarchisch strukturiert, und das ordnet sie einander nach dem Prinzip der Analogie — Hausvater, Landesvater, Gottvater — zu. Darüber hinaus stehen sie auch zueinander im Bezug gestufter Über- und Unterordnung, das Höhere ist das Maßgebendere, sie sind also wiederum durch ein Prinzip der Hierarchie zu einem Kosmos der Harmonie zusammengeschlossen. Die Welt Utopia aber ist nicht in diesem Sinne ein Kosmos, sie ist vielmehr eine funktionale Totalität. Das heißt: das zusammenschließende Prinzip ist nicht das der hierarchischen Stufung, die Zuordnung gemäß einer Analogie spielt keine Rolle mehr. Vielmehr sind die Teilbereiche einer utopischen Welt, also ‚Privatsphäre', Familie, Wirtschaft, Recht, Kultur, Staat, Religion nun einander gleichgeordnet und gleich ursprünglich auf ein gemeinsames, von ihnen gemeinsam erst konstituiertes Zentrum bezogen, sie stehen zueinander im Verhältnis eben der Interdependenz. Und diese Interdependenz ist nicht organischer Aufbau, sondern die Vermittlung von allem mit allem, ein universales Ineinandergreifen, ein dynamischer Vorgang des Sich-Integrierens. Die führende Kategorie ist nicht mehr die der Substanz, sondern die der Relation: Ein Teilbereich ist nicht mehr zunächst vorhanden und steht dann in einer Beziehung zu einem anderen Bereich, sondern er ist funktionalisiert, er ist definiert durch seine Funktion im Ganzen. Es ist ein qualitativer Sprung, wenn die Utopia nicht wie die ältere Sozialphilosophie wirtschaftliche und soziale Gesichtspunkte auch an irgendeiner Stelle des Systems berücksichtigt, sondern wenn sie sie als Fundierung des Politischen ins Zentrum ihres Entwurfes stellt[15]. Dementsprechend unterscheidet sich der utopische Begriff grundsätzlich vom mittelalterlichen Begriff des Politischen.

Die utopische Weltstruktur der Interdependenz ist nicht mehr die Weltstruktur des Mittelalters. Freilich ist sie auch nicht die der frühen Neuzeit. Denn die Welt der Neuzeit ist zunächst charakterisiert durch die Ausgliederung autonomer Teilbereiche aus dem Gesamtgefüge der menschlichen Welt, vor allem etwa durch die Trennung, ja Entgegensetzung von Staat und Gesellschaft. Politik wird eine — von der Gesellschaft abgehobene und am Machtphänomen orientierte — eigene Sphäre, Machiavelli hat diesen Zustand theoretisch reflektiert. Demgegenüber haben die Weltstruktur der Utopia und ihr soziologischer Begriff des Politischen antizipatorischen Charakter. Erst die bürgerliche Gesellschaft des 19. Jahrhunderts hat die utopische Antizipation des interdependenten Verhältnisses von Politik, Gesellschaft und Person als reale Struktur konstituiert, erst Rousseau und Hegel, Marx und die Soziologie haben diese Struktur methodisch reflektiert: erst so ist sie zu einem zentralen Erkenntnisprinzip der Moderne geworden und schließlich in die Form des politischen Handelns eingegangen. — Aber die utopische Antizipation der neuzeitlich-nachrevolutionären Weltstruktur ist selbst ein spezifisch neuzeitliches, frühneuzeitliches Phänomen. Denn diese Weltstruktur ist eine Konsequenz des utopischen Ansatzes, der Zuwendung zu einem weltimmanenten Ideal, zur aktiven und vernünftigen Ordnung und Neuordnung der Welt. Erst die radikale Traditionskritik und die universale Vernunftbegründung ermöglichen den einheitlichen und interdependenten Weltanblick Utopias; erst die Vollendungsintention der utopischen Vernunft erfordert die geschlossene interdependente Ganzheit der Welt, die Funktionalisierung aller Teilbereiche, denn nur so kann jede irrationale Störung der rationalen Welt ausbalanciert werden. Insofern ist auch die Weltstruktur Utopias — trotz ihres antizipatorischen Charakters — eine Folge des spezifisch neuzeitlichen Weltverständnisses der Utopia.

In diesem Zusammenhang erhebt sich noch eine weitere Frage. Ist Utopia mit seinen Strukturen einer interdependenten Welt und einer soziologisch universal verstandenen Politik — und der damit zusammenhängenden Abhängigkeit der Person von den Institutionen — nicht ein totalitäres Gemeinwesen? Antizipiert Utopia den modernen Totalitarismus? Mit diesem Verdacht, der sich dem modernen Leser aufdrängt, müssen wir uns noch beschäftigen.

Es ist deutlich, wie leicht man von dem utopischen Begriff der Welt und der Politik her zu einer einheitlichen Durchgestaltung von allem und jedem, zur Vernichtung jeden politikfreien Raumes, zu einer totalen Vergesellschaftung des Menschen kommen kann, wie leicht die Reform der Institutionen um der Person willen zur Herrschaft der Institutionen über die Person werden kann. Aber es wäre falsch, solche Tendenzen schon im Werk Utopia finden zu wollen. In Utopia sind noch Momente harmonisch zusammengebunden, deren Gegensätzlichkeit erst später in Erscheinung trat. Die Bedrohung durch eine staatliche Totalität ist schon dadurch eingedämmt, daß die Politik in Utopia nicht wie in der Neuzeit als Machtübung und als Entscheidung substantieller Alternativen, sondern als Verwaltung gesehen wird;

128

die Herrschaft über Menschen ist durch die über Sachen ersetzt, das Phänomen der Macht ist im Inneren ausgeschaltet. Die eigentliche Macht über den Einzelnen ist die gesellschaftliche Kontrolle, und sie ist allerdings total. Aber der gesellschaftliche Macht*druck* ist — in einem gewissen Widerspruch dazu — ganz gering. Die Atmosphäre Utopias ist die der Freiheit und Heiterkeit, sie ist nicht angespannt, es herrscht die Offenheit einer humanistischen Bildungsgesellschaft und die — zur Zeit des Morus noch ganz unwirkliche — Toleranz. Unbefangen wird der allgemeine Arbeitszwang und die Kontrolle der Arbeitsdisziplin als Ermöglichung kultureller Freiheit gedeutet, Herrschaft der Bildungselite und allgemeine Egalität gehen ohne weiteres zusammen, Konformität und Liberalität schließen sich nicht aus. Dahinter steht die Überzeugung von der Eindeutigkeit der Rangfolge ethischer Ziele, der Eindeutigkeit der politischen Lösungen, steht die Überzeugung von der Eindeutigkeit der Vernunft und der Gewissensforderung, von der undialektischen konfliktlosen Harmonie des vernunftbegründeten Gemeinwesens. Auf Grund dieser Überzeugung ist Utopia kein totalitäres System, es bedarf keines übermäßigen Zwanges. Nur an den Rändern des Systems nach innen und außen brechen die Konflikte gelegentlich durch, hier finden sich repressive und aggressive Züge, die nur schwer mit der allgemeinen Liberalität zu vereinen sind[16]. Aber prinzipiell sind diese Konflikte und diese Repressionen ausgeschlossen, sie bleiben Ausnahmen. Gerade weil die Utopia eine Schrift der *frühen* Neuzeit ist, einer Zeit *vor* dem Absolutismus und dem Konfessionalismus, einer Zeit, die Diskussion und Toleranz erst eröffnet, ist sie ihrer Intention wie ihrem sachlichen Inhalt nach noch fern von einem staatlichen oder gesellschaftlichen Totalitarismus. Gerade hierin ist Utopia spezifisch an den Beginn der Neuzeit gebunden.

5. Wir müssen hier noch einmal innehalten. Wir überprüfen unsere Interpretation der Utopia und ihres Weltverständnisses und unsere These, daß dieses Weltverständnis charakteristisch und konstitutiv für die Neuzeit sei, indem wir nach den objektiven Möglichkeiten für ein solches Weltverständnis und d. h. nach den historischen Bedingungen für das Werk Utopia fragen.

Ein erster Bedingungskomplex für den Entwurf Utopia ist offenbar die Entdeckung Amerikas. Morus bezieht sich ausdrücklich darauf und benützt eine Reihe von Details — Verachtung des Goldes, Epikuräismus, Friedfertigkeit und Gemeineigentum der Wilden — aus den damals vorliegenden Reiseberichten, zumal des Amerigo Vespucci. Die entscheidende geistesgeschichtliche

Wirkung dieser Entdeckung liegt in der Entgrenzung der bekannten Welt, und zwar so, daß nicht eine vorhandene Grenze langsam vorgeschoben wurde und damit das Neue sich ins Bekannte eingliederte, wie das bei der Erweiterung des europäischen Bewußtseinsraumes vor allem nach Asien der Fall gewesen war[17], sondern so, daß hier in einem Sprung eine durchaus neue Welt mit neuen Zügen der Sozialverfassung und neuen Verhaltensweisen entdeckt wurde. Damit war die Möglichkeit geschaffen, die eigene Weltposition zu relativieren und sie gleichsam exzentrisch anzusehen. Während die frühen Entdecker und Berichterstatter aber noch ganz von der Überlegenheit der eigenen Kultur überzeugt sind — auch bei Vespucci ist das Bild von den „Wilden" im ganzen negativ — scheint Morus einer der ersten gewesen zu sein, der die Entdeckung einer neuen Welt mit der Vorstellung einer besseren Welt verbunden hat, der aus der anderen Welt ein zivilisationskritisches Modell zu entwickeln anfängt, wie es sich dann in dem literarischen Modell des „edlen Wilden" vollendet. Die Veränderung und Entgrenzung des realen Erfahrungsraumes, die Ortung eines Neuen, ist so ein wesentlicher Anstoß für die Utopia, für die in ihr vollzogene Relativierung der eigenen Zivilisation und für ihren Entwurf eines räumlich fixierten Ideals, und damit für das neue Weltverständnis, das wir beschrieben haben.

Die Utopia steht weiter im Zusammenhang mit sozialgeschichtlichen Phänomenen, mit dem Aufstieg des Bürgertums und dem Entstehen einer bürgerlich geprägten reflektierenden Schicht: der Intelligenz. Die Zeitkritik des ersten Buches und die Schilderung Utopias im zweiten Buch sind von entschieden antifeudalen, von bürgerlichen Kriterien bestimmt. Nicht Geburt und Blut, Stand und Privileg, sondern Leistung und Vernunft, und zuletzt Gleichheit als Gleichheit der Chancen, nicht kriegerische Tüchtigkeit, Ruhm oder Ehre, sondern zivile Tugenden, Arbeitsamkeit und Nützlichkeit, Friedfertigkeit — das sind die herrschenden Maßstäbe. Die Utopia ist in weiten Teilen geradezu ein Manifest gegen die feudale Ordnung und die von ihr bestimmte — irrationale — Politik. Gerade die Forderung einer rationalen Ordnung ist eine bürgerliche Forderung. Von vornherein und wie unbemerkt wird das Urbild der Utopia, Platos Politeia, in einem nicht-aristokratischen Sinn umgedeutet, die Gleichheit der Herrschenden zur Gleichheit Aller erweitert und die Existenz einer besonderen Kriegerklasse negiert. Schließlich kommt der spezifisch bürgerliche Charakter auch darin zum Ausdruck, daß Utopia trotz agrarischer Wirtschaftsordnung sozial und politisch ganz

und gar als städtisches Gemeinwesen organisiert ist, das „Land"
hat politisch keine Existenz. Diese bürgerlichen Züge der Utopia
sind ohne den Aufstieg eines selbstbewußten Bürgertums nicht
zu denken[18].

Freilich bleibt in der Utopia auch ein deutlicher Abstand zum
bürgerlichen Normensystem festzustellen, und zwar in doppelter
Hinsicht. Einerseits entspricht das utopische Normensystem, das
wir hier vorweg bürgerlich genannt haben, in mancher Hinsicht,
zumal in der Kritik an Tradition und Stand, nicht der Haltung
des frühneuzeitlichen Bürgertums, das sich gerade in Tradition
und Stand eingehaust hat; hier zieht die Utopia eine mögliche
radikale Konsequenz des bürgerlichen Lebensansatzes, die dem
Bürgertum selbst lange verborgen geblieben ist. Andererseits steht
die utopische Kritik am kapitalistischen und rein individualisti-
schen Wirtschaftsverhalten der feudalen Grundbesitzer, an der
Bildung von Oligopolen z. B. und der gewinnorientierten Rege-
lung des Marktangebotes, zwar in einer spätmittelalterlichen bürgerlichen Tradition, aber sie ist von den idealtypischen bürgerlichen Normen doch deutlich abgehoben, sie orientiert sich am
traditionellen Wirtschaftsverhalten, an der mittelalterlichen Wirt-
schaftsethik, für die Bedürfnisbefriedigung, Gemeinwohl und
gerechter Preis die leitenden Werte sind. Die Kritik der Utopia
ist antikapitalistisch und antiindividualistisch.

Diese Distanz der Utopia zu den faktischen wie idealtypischen
bürgerlichen Lebensnormen beruht sozialgeschichtlich darauf, daß
der Bürger Morus über das Bürgertum hinaus ist, daß er als
Humanist zu einer neuen Schicht der Intelligenz gehört, und zwar
zu einer weltlichen Intelligenz, die außerhalb des Klerikerstandes
einen eigenen sozialen Standort gefunden hatte, nicht mehr wie
im Mittelalter der sozialen Deklassierung verfiel und noch nicht
wie im 18. Jahrhundert als freie Intelligenz einen immer unsiche-
ren sozialen Status einnahm. Diese Schicht ist häufig durch Herkunft und Ämter mit dem Bürgertum verflochten, aber sie steht
in ihrer sozialen Mobilität und ihrem geistigen Habitus, ihren
aristokratisch elitären Ansichten zugleich neben dem Bürgertum.
Erst die Intelligenz reflektiert die bürgerliche Lebensform, erst sie
übt bürgerlich-antifeudale Kritik, aber sie überschreitet diese
Position auch schon und wendet sich schließlich kritisch selbst
gegen bürgerliche Verhaltensnormen.

Diese Intelligenz ist eine freigesetzte Schicht, sie hält, auch wenn
sie in öffentlichen Ämtern beschäftigt ist, in ihrem Denken Abstand von konkreten Verpflichtungen und Aufgaben vom Zwang
der Entscheidungen; gerade deshalb hat sie die Möglichkeit zur

freien, kritischen und entwerfenden Abstraktion und zur offenen und auch endlosen Diskussion. Die Ambivalenz der Utopia ist darum auch in der sozialen Position ihres Autors begründet. Aber diese Ambivalenz ist nicht einfach als Entscheidungslosigkeit aufzufassen. Denn allein die Diskussion schon hat in einer weithin traditionsgeleiteten Welt objektiv eine aufschließende, bewußtseinsbildende und das Handeln in Gang setzende, also eine progressive Funktion. Und daran hat die Utopia Teil.

Schließlich sind die geistes- und kirchengeschichtlichen Bedingungen für das Entstehen der Utopia in Betracht zu ziehen. Die Utopia ist ein Werk des Humanismus. Der Humanismus, der sich an der Antike als Ursprung und Norm der humanitas orientierte, schuf damit eine eigenständige, nicht mehr theologisch, sondern profan geprägte Welt der Kultur und der Bildung. Sie wird zum Medium, das der Mensch zur Entfaltung seines eigentlichen Wesens notwendig braucht. Damit entsteht wiederum ein freier Raum der Diskussion und des intellektuellen Experiments, in dem undogmatisch und traditionskritisch über ein wesentliches Stück menschlichen Lebenssinnes reflektiert werden konnte. Gesprächssituation und Gesprächsführung des Dialogs, die radikale Traditionskritik und das utopische Gedankenexperiment, die Ambivalenz zwischen Verbindlichkeit und Skepsis entsprechen der durch den Humanismus neu geschaffenen Bildungsatmosphäre. Auch das Thema des Dialogs, der beste Zustand des Gemeinwesens, ist wesentlich durch den Humanismus bedingt. Denn die Beschäftigung mit der Antike verwies die Humanisten in besonderer Weise auf den Staat als Raum menschlicher Lebenserfüllung und auf die institutionellen Probleme des Staates. Und die humanistische Wendung von Aristoteles zu Plato aktualisierte anstelle einer Typologie realer Staatsformen das Thema von der Idee des wahren, des besten Staates[19]. Man begann, dieses Thema untheologisch, rational, innerhalb eines „natürlichen" Systems der Wissenschaft zu behandeln, wozu es im späten Mittelalter doch erst Ansätze gegeben hatte. Hier liegt eine überraschende Parallele der Utopia zu Machiavellis Principe vor, hier liegt der gemeinsame Boden für die beiden polaren Tendenzen der frühneuzeitlichen Geistesgeschichte, der Tendenz zur rationalen Konstruktion und der Hinwendung zur Erfahrung. Die rationale Betrachtung des Staates ließ es als möglich erscheinen, daß das Staatswesen im Irdischen durch Vernunft und Wille partiell vollendet werden könne. Die civitas war nicht mehr notwendig auf civitas dei und Kirche hin orientiert. Sie wurde als eine Ordnung verstanden, die, der Bestimmungsmacht der Kirche entzogen, nicht mehr ausschließlich auf das eschatologische Heil der Seele orientiert war. Der Weltbereich Staat als glückende Ordnung war — wie in der politischen Entwicklung so auch in der Theorie — freigesetzt.

Der Humanismus des Erasmus und des Thomas Morus nun ist christlicher Humanismus. Er will das Christentum erneuern, und zwar nicht als dogmatische Erlösungslehre, sondern als spirituelle und praktische Gesinnung, als durch pietas und ratio konstituierte humanitas christiana. Damit wird das Gewicht der objektiven Institution Kirche verringert. Es ist nicht mehr Monopol der Kirche, Institutionen zu gründen, in denen sich das wahre Leben realisieren kann; das wahre Leben, soweit es auf dieser Erde möglich ist, kann nicht mehr primär in einer kirchlichen Sonderinstitution, im Kloster oder im geistlichen Stand, gelebt werden. Auch eine Verkirchlichung der Welt oder des privaten Lebens ist nicht möglich: das würde der spirituellen Innerlichkeit des humanistischen Christentums widersprechen. Es ist aber auch nicht möglich, das wahre Leben nach Art einer Zwei-Reiche-Lehre ins Innen und Jenseits zu begrenzen; das wahre Leben bedeutet Zuwendung zur Welt und zu ihren Institutionen. Die Verwirklichung des wahren Lebens ist daher auch und gerade für den frommen Menschen eine offene Frage. Sie ist dem Gespräch und der Aktivität auch der Laien anvertraut. Das Gespräch wird zum projektierenden Planen der weltlichen Ordnung des wahren Lebens, der kirchlich nicht mehr verbürgten Lebensordnung nach dem exemplum Christi. Das Gespräch über die beste Staatsform und das ernste Spiel von dem vollendeten Gemeinwesen der Utopier ist im humanistischen Verständnis von Grund auf christlich. Die „Säkularisierung", die weltliche, nicht-kirchliche und nicht-dogmatische Diskussion und ihre idealen Entwürfe sind gerade christlich legitimiert, die Welt ist christlich freigesetzt, in ihr ist eine ethische Fortentwicklung möglich, wenn sie auch durch das christliche Endlichkeitsbewußtsein immer relativiert wird. Das humanistische Christentum widerspricht nicht dem neuen utopischen Weltverständnis, sondern es ermöglicht dieses Weltverständnis geradezu.

6. Das sind die geschichtlichen Bedingungen, die dem Ansatz der Utopia zugrundeliegen. Sie spiegeln sich in der Biographie des Thomas Morus, die insofern ein exemplarischer Lebenslauf ist.

Thomas More, das ist die englische Form des später latinisierten Namens, ist am 6. 2. 1478 in London geboren, als Sohn einer in den bürgerlichen Juristenstand aufgestiegenen Familie. Nach dem Besuch einer Lateinschule, einem fast zweijährigen Pagendienst beim damaligen Lordkanzler, dem Erzbischof Morton, und dem Studium der „artes" in Oxford, wird er auf Wunsch des Vaters in einer der Londoner Juristenkorporationen zum Juristen ausgebildet. Hierin gründet die bürgerliche Linie seines Lebens. Er wird ein erfolgreicher und sehr gut verdienender Anwalt, eng verbunden mit dem Handelskapital, er vertritt vielfach die Interessen der großen Londoner Kaufmannsgilden, er ist von ihrem großbürgerlichen Selbstbewußtsein mit geprägt[20]. Als gelehrter Jurist und als angesehener Bürger wächst er in öffentliche Ämter hinein, 1504 schon ist er Mitglied des damals freilich nicht sehr einflußreichen Hauses der Commons, 1510 wurde er „undersheriff" von London, d. h. Berater des Bürgermeisters in Angelegenheiten der Rechtsprechung. Als Vertreter der Londoner Interessen hat er 1515 an einer Gesandtschaft nach Flandern teilgenommen, auf dieser Reise ist die Utopia entstanden. Aus diesem bürgerlichen Dasein nun steigt er zu Staatsämtern auf: 1517 tritt er nach längerem Schwanken in den Dienst des Königs und fungiert vor allem als sein persönlicher Berater, 1529 wird er Lordchancellor, d. h. er tritt an die Spitze der königlichen Räte. Diese Karriere ist charakteristisch für die vom englischen Königtum geförderte und durch gelehrte Bildung vermittelte Mobilität zwischen höherem Bürgertum, niederem Adel und hohen Staatsämtern.

Neben der bürgerlichen Lebenslinie einer „vita activa" steht, von ihr unterschieden und doch mit ihr verflochten, die zweite Lebenslinie einer „vita contemplativa": die humanistische. Morus hat im Anschluß an die frühen englischen Humanisten Grocyn, Linacre und J. Colet Griechisch gelernt, hat seit 1501 gelegentlich öffentliche Vorlesungen gehalten, hat nach Art der Humanisten eine Reihe von Schriften verfaßt[21], die seinen Ruhm als Schriftsteller begründen; die Utopia hat ihn dann zu einer der berühmtesten Zelebritäten auch der außerenglischen Bildungswelt gemacht. Er war eng mit Erasmus befreundet, dieser hat eines seiner glänzendsten Werke, das Encomion Moriae (Lob der Torheit) als Huldigung an Morus verstanden wissen wollen; Morus hat auch mit anderen Humanisten eine ausgebreitete Korrespondenz geführt und sie gegen ihre Feinde verteidigt, ein gut Teil dieser Briefe wurde schon zu seinen Lebzeiten publiziert, zum Teil waren sie dazu gerade bestimmt[22], und er hat sein ländliches Haus zu einem Ort der Bildung, der Kunst, des humanistischen Gesprächs und der Geselligkeit gemacht. Der Humanismus ist nicht nur Denkgestalt, sondern auch Lebensform.

Der Humanismus des Morus ist kirchenkritisch, aber er ist christlicher Humanismus; in der Lebensbeschreibung des Pico hat Morus die Verbindung des frommen Lebens und des von der Antike geleiteten unendlichen philosophischen Dialogs exemplarisch vorgefunden; in seiner Schrift Four last things (ca. 1522, erschienen 1557) hat er sokratische und christliche Meditation über den Tod verbunden. Freilich, das zeigt schon diese Schrift, geht das Element des Religiösen bei Morus nicht ganz in der christlichen Vernünftigkeit auf: er hat lange in Verbindung mit den Londoner Karthäusern gelebt und bis 1505 damit gerungen, ins Kloster einzutreten, er hat Zeit seines Lebens ein härenes Hemd getragen, ein Zug zur Askese, der den Hintergrund seines urban weltläufigen Lebensstils bildet und der in seinen späten Schriften zu einem literarisch bedeutenden Ausdruck gekommen ist. Morus lebt die lebendige Synthese von weltzugewandtem Humanismus und dieser frommen Abwendung von der Welt.

Wie für alle Humanisten so bedeutet auch für Morus die Reformation einen epochalen Einschnitt in seinem Leben. Der Schriftsteller Morus hat in den 20er Jahren vornehmlich große antihäretische Schriften gegen Luther und dann gegen den englischen Lutheraner Tyndale verfaßt[23]. 1532 legt er sein Kanzleramt nieder, weil er im Konflikt des Königs mit dem Papst um die Scheidung seiner Ehe und in der beginnenden Loslösung der englischen Kirche von Rom nicht auf Seite des Königs stand. Als er den von Heinrich VIII. geforderten Eid auf die Sukzessionsakte von 1534, die den Bruch mit Rom implizierte, nicht leistete, ist er im Tower eingekerkert worden. Dort hat er den Dialogue of Comfort geschrieben, ein von gelassenem inneren Glück durchstrahltes Gespräch über das Verhalten des individuellen Christen unter der Tyrannei — der Türken, in denen die Machtlosigkeit der Tyrannen über den wahren Glauben dargetan wird, und dann den bewegenden Treatise upon the passion (in Englisch und Latein), ein Zeugnis noch einmal seiner asketisch andächtigen Frömmigkeit. Aufgrund einer falschen Anklage ist er in einem Hochverratsverfahren zum Tode verurteilt worden und zusammen mit dem Bischof John Fischer am 6. Juli 1535 hingerichtet worden, das Opfer eines tyrannischen Despoten, der auch nur die schweigende Mißbilligung des bedeutenden Mannes nicht ertragen konnte, der Märtyrer der Kirche, der den päpstlichen Primat um keinen Preis aufzugeben bereit war. 1935 ist Morus heilig gesprochen worden. — Wie wurde aus dem frommen, aber kirchenkritischen, im Bereich der Vernunft experimentierenden undogmatischen Humanisten der Märtyrer für Kirche und Papst? Man muß die Neigung der konservativen Interpretation, hier vorschnell eine Einheit, der sozialistischen, hier vorschnell einen Bruch zu konstruieren, abweisen. Morus ist durch die Revolution, als die er die Reformation ansah, an die Seite der Tradition, der bestehenden Kirche gedrängt worden. Sein Humanismus wird trotz allen Reformwillens konservativer, im Angesicht der Revolution ist nicht Zeit zum intellektuell kritischen Experiment. Und Morus ist gestorben nicht für ein Dogma und nicht für das Papsttum als Institution, sondern für die Einheit der Kirche, für den universalen Consensus der Gläubigen; die „veritas" ist nicht mehr unbezweifelbar, aber der Consensus muß aufrechterhalten werden, es darf keine endgültige Separation von der einen Kirche geben, die Wahrheit ist nicht möglich außerhalb des Gesprächs mit der in der Kirche lebendigen Tradition. So zeugt noch das Sterben des Morus für den humanistischen Ursprung wie für dessen Umbildung unter der Herausforderung der Reformation. Beide Gesichtspunkte müssen bei der Interpretation der Utopia berücksichtigt werden.

Von den Werken des Morus gehört nur die Utopia zur Gattung des politischen oder staatsphilosophischen Traktats; sie ist zugleich das wirklich geniale unter seinen Werken, das einzige, das weltgeschichtliche Klassizität und immerwährende Aktualität errungen hat. Dieses Werk nun darf nicht nur immanent und nicht nur aus der geschichtlichen Situation, sondern muß auch aus der Biographie verstanden werden. Die historische und die biographische Analyse aber bestätigen die textimmanente Interpretation und den spezifisch neuzeitlichen, den epochalen Charakter der Utopia. Daß die Diskussion innerweltlicher Ordnung zur phantasierenden bildhaften Projektion eines Ideals geworden ist, bleibt ein unableitbares Ereignis, das in der Rezeption der Politeia durch Morus Gestalt gewonnen hat.

7. Wir haben in unserer Interpretation versucht, den spezifisch neuzeitlichen Charakter der Utopia herauszuarbeiten. Nun stellen weder die Kategorien und Leitmotive des neuzeitlichen Denkens noch die konstitutiven Prinzipien, die die politische und soziale Wirklichkeit der Neuzeit vom Mittelalter unterscheiden, einen *einheitlichen* Zusammenhang dar. Auch das Weltverständnis der Utopia ist nur *eine* Form des neuzeitlichen Bewußtseins. In dem Werk kommen nur bestimmte Tendenzen der Neuzeit zum Ausdruck, während andere gerade ausgeschlossen werden, und es scheint für die Neuzeit charakteristisch zu sein, daß eine solche Differenzierung und Entgegensetzung leitender geschichtlicher Tendenzen eintritt.

Das Weltverständnis der Utopia steht im Gegensatz zu dem neuzeitlichen Individualismus, wie er in der Renaissance zuerst zum Ausdruck gekommen ist, und zu dem allmählich sich ausbildenden modernen Subjektivismus. Die Utopia ist antiindividualistisch — und darin kann man mit Recht ein Element mittelalterlicher Tradition sehen.

Die Utopia steht mit dem Leitprinzip der konstruktiven Vernunft im Gegensatz zu dem anderen großen Leitprinzip der beginnenden Neuzeit, der Hinwendung zur Erfahrung, wie sie Kopernikus und Machiavelli repräsentieren. Zwar beginnt auch Morus mit einer Erfahrung — der Erfahrung vom Zusammenhang der Kriminalität mit der Wirtschaftsverfassung —, aber seine radikale Kritik an der Tradition und sein Entwurf einer besseren Welt transzendieren dann die Erfahrung, sie *gründen* nicht im Ganzen der Erfahrung, diese Erfahrung wird — im Gegensatz zu Machiavelli — als Basis des politischen Handelns gerade abgelehnt, denn sie scheint ja nur zur Hypostasierung der faktisch maßgebenden Normen des Handelns zu führen. Utopia ist darum die Welt, die sich gegen die Herrschaft der Erfahrung stellt. Daher erklärt es sich, daß in Utopia ein Ideal des neuzeitlichen Bewußtseins, der Kultur- und Wohlfahrtsstaat, entworfen wird, das in schroffer Absolutheit dem in der frühen Neuzeit gerade aufsteigenden Staat, nämlich dem Machtstaat, und seiner Theorie von Machiavelli bis zu Hobbes, gegenübersteht[24]. Trotzdem aber stimmen die rational-utopische Konstruktion und die empirische Analyse in der traditionskritischen und der un-theologischen Behandlung des Staates und einem neuen Verständnis des menschlichen Handelns überein.

Weiter steht Utopia im Gegensatz zu Luther und zur Reformation, und das hat nichts damit zu tun, daß die Reformation den Autor Morus veranlaßt hat, sich gegen die eigene frühe Traditionskritik entschiedener und fester an die katholische Tradition zu binden. Utopia steht im Gegensatz zu dem anti-institutionellen Personalismus Luthers, dem es allein um Gott und die Seele geht, zu seinem Antirationalismus, zu seinem Unbedingtheitsanspruch, der die offene und ambivalente Diskussion der humanistischen Intellektuellen ausschließt, steht im Gegensatz zu seiner Trennung von geistlichem und weltlichem Reich, von Seele und Welt, zu seiner Verwerfung einer weltimmanenten Transzendenz und zu seiner These von der radikalen Sündhaftigkeit des Menschen, die die Möglichkeit des vernünftigen Menschen, bis zu einem gewissen Grade gut zu sein und gute Institutionen zu gründen, negiert. Und diese Positionen Luthers sind ja nicht mittelalterlich, sondern ebenso wie die des Morus konstitutiv für die Neuzeit.

Es gibt aber zwischen beiden, gerade in dem Gegensatz zum Mittelalter, doch tiefe Gemeinsamkeiten: die Kritik der Tradition, der Gewinn eines radikal *neuen* Bodens für den Geist oder die Seele, die Spiritualisierung von Kirche und Frömmigkeit, die Rehabilitation des Laien, die Gegnerschaft gegen die Akkommodation des Christentums an die Welt, und die Entsakralisierung der Welt, die ihre tätig-vernünftige Bewältigung und Durchdringung begründet hat.

Die Utopia steht im Gegensatz schließlich zu dem neuzeitlichen Begriff der Natur und insbesondere des Naturrechts. Die utopische Konstruktion der Welt aus Vernunft, die sich losringt von der Tradition und überhaupt von einer vorgegebenen Ordnung, ist noch ganz auf die Freiheit dieser Vernunft gestellt: die vernünftige Welt wird nicht als Naturzustand, den es wiederherzustellen gelte, aufgefaßt. Die Ideologisierung eines Wunsch- oder Handlungsprogrammes zu einer Wirklichkeitserkenntnis ist Morus und seiner Utopia noch fern. Erst in der Aufklärung greift dann solche Ideologisierung Platz, und in der Folge wird dann das freie Verhältnis der Vernunft zum Wunschraum durch die Geschichtsphilosophie und ihre Vorstellung einer mit Notwendigkeit eintretenden Zukunft aufgelöst.

8. Das Zeitalter, das mit der französischen Revolution beginnt, hat das utopische Weltverständnis aufgehoben[25]. Einmal ist das utopische Ideal, das von der Frage der Verwirklichung gelöst war, nunmehr endgültig zu einem Leitbild des Handelns geworden, in dem eine Anweisung zur Verwirklichung steckt. Die programmgeleitete Aktivität der Weltveränderung ist primär nicht mehr Sache eines literarischen Entwurfes, sondern Sache der Praxis, sie kann sich voll in der Wirklichkeit entfalten. Gerade das 19. Jahrhundert ist charakterisiert durch den „Entschluß zur Zukunft" (Freyer). Die Wirklichkeitstranszendenz und die Handlungsstruktur der Utopia hören auf, Theorie eines Bewußtseins zu sein, sie werden wirklich, sie werden praktisch. Die Funktion der Utopie ist in der Wirklichkeit selbst aufgehoben. Zum andern verändert sich das Leitbild des Handelns. In der Revolution hat sich die objektive Bindung an Vernunft und Naturrecht, auf die sich doch eine Vielzahl antagonistischer Parteien berief, aufgelöst. Jede Idealbildung, jeder Entwurf einer die Gegebenheit transzendierenden Weltgestaltung mußte sich jetzt aus der Erfahrung legitimieren. Die freie Konstruktion einer zu erstrebenden Welt aus purer und ihrer Moralität gewissen Vernunft war nicht mehr möglich. Indem das Zeitalter des bloßen Wünschens und Hoffens endet, endet auch die utopische Abstraktion der Vernunft von

der Erfahrung. Das Handeln wird in den sozialen Bedingtheiten verankert[26]. Wo es noch literarische Utopie gibt, gewinnt sie zumeist prognostische Züge.

Damit verändert sich schließlich auch das Weltverständnis. Die Utopia lebt noch vom Glauben an die Konstanz der Vernunft, an den statischen Charakter des Ideals, an die unhistorische Gegenüberstellung von Ideal und Wirklichkeit; die Veränderbarkeit der Welt wird nur grundsätzlich behauptet, sie bleibt aber auf die gute und die schlechte Welt beschränkt. Im 19. Jahrhundert aber wird diese Veränderbarkeit konkret erfahren, die Struktur der Welt wird als dynamischer und zeitlicher Prozeß, als Geschichte erkannt. Der Fortschritt und der Fortschrittsglaube, die Gestalt des in der Utopia anhebenden Denkens im 19. Jahrhundert, historisieren diese Welt. Das hat einmal die Folge, daß das politisch-soziale Ideal — zum Eschaton säkularisiert — in die Geschichte eingebettet, zum Ergebnis der Geschichte wird; die innerweltlich politischen Heilslehren sind Geschichtsphilosophien. Zum andern wird das Ideal selbst dynamisch, es wird notwendig, seine Veränderung mitzudenken. Und diese Dynamisierung kann schließlich zu einer historischen Relativierung führen. Der Fortschrittsglaube verschmilzt mit dem Historismus oder löst sich in ihn auf. Nicht nur die Wirklichkeit wird historisiert, sondern auch die Zukunft, die Zielsetzungen und Vollendungsentwürfe. Und diese Historisierung, die mit der geschichtlichen Bedingtheit die Endlichkeit des Menschen radikal zur Geltung bringt, ist zugleich eine Relativierung: die Zukunftsentwürfe verlieren an bewegender und korrigierender Kraft für die Wirklichkeit. Darum stehen dem im revolutionären Zeitalter in der Praxis aufgehobenen utopischen Weltverständnis im nachrevolutionären Zeitalter die nachutopische oder antiutopische Skepsis und die warnende Gegenutopie gegenüber.

Anmerkungen

[1] *K. Mannheim*, Ideologie und Utopie, [3]1952; *E. Bloch*, Das Prinzip Hoffnung II, 1955. — *H. Freyer*, Die politische Insel, 1936; *R. Ruyer*, L'utopie et les utopies, 1950.

[2] Vgl. *R. Heiß*, Der Gang des Geistes, 1948, S. 21 f.

[3] Klassisch noch immer: *K. Kautsky*, Th. Morus und seine Utopie, 1890 (auch in: Die Vorläufer des neueren Sozialismus, 1895). Vgl. auch Anm. 18.

[4] So *F. Brie*, Th. Morus, 1936; *ders.*, Machtpolitik und Krieg, 1941.

[5] So — mit ganz absurder Beweisführung — *G. Möbus,* Macht und Menschlichkeit, 1953; *ders.,* Politik des Heiligen, 1953; ähnlich *J. D. Mackie,* The Earlier Tudors (Oxford History of England 7), Oxford 1952: der Staat der Utopia wäre auch für Morus — wie Hitlers Reich — eine Gefahr für den Weltfrieden.

[6] Die Grenzen zwischen den verschiedenen Interpretationstypen sind natürlich fließend. Spezifisch konservativ und mit einer Neigung, der Utopia möglichst wenig Ernst zuzusprechen, z. B. *Ch. Hollis,* 1934; *W. E. Campbell,* More's Utopia, 1930; *ders.,* Erasmus, Tyndale, More, 1949; *E. E. Reynolds,* Saint Thomas More, 1953. Vermittelnd, mit starker Betonung der traditionellen Elemente z. B. *R. W. Chambers,* [3]1963 (die maßgebende Biographie); *O. Bendemann,* 1928; *H. W. Donner,* 1945; *E. Jäckel,* Utopia und Utopie, GWU 7, 1956. Am wichtigsten und abgewogensten — bei historistischer Grundposition — die Arbeiten des amerikanischen Jesuiten *E. L. Surtz,* 1957. Auf eine detaillierte Auseinandersetzung mit der ausgebreiteten Morus-Literatur muß ich hier verzichten.

[7] Das hat vor allem *G. Ritter,* Die Dämonie der Macht, 1947, gegen die konservativ-historische Interpretation zur Geltung gebracht; Ritter interpretiert die Utopia als einen durchaus neuzeitlichen Text, aber als einen spezifisch englischen Ausdruck einer insularen Staatsidee. Da unsere Fragestellung eine andere ist, können wir auf dieses Problem nicht eingehen.

[8] Zum Aufbau und zur Entstehungsgeschichte vor allem: *J. H. Hexter,* More's Utopia, 1952; und die Einleitung von *Hexter* zur Neuausgabe: The Yale Edition of the Complete Works of St. Th. More, 4, 1965.

[9] Das verkennt die abwegige Konstruktion von *H. Brockhaus,* 1929, mit der These, Vorbild der Utopia seien die Athosklöster gewesen. — Daß die Thematik der Utopia durch die Existenz der „anderen" Welt des Klosters *bedingt* sei, versucht *A. Müller-Armack,* Genealogie der Wirtschaftsstile, in: Religion und Wirtschaft, 1959, S. 269 ff., zu zeigen. Diese Deutung verkennt die humanistisch-kirchenkritische Position des Morus und die utopische Intention.

[10] Vgl. dazu meinen Aufsatz: Die Funktion der Utopie im politischen Denken der Neuzeit, Archiv für Kulturgeschichte 44, 1962, S. 369 f.

[11] Auch der Name des Erzählers Hythlodaeus berechtigt zu keinem Schluß auf die Meinung des Autors: man kann diesen Namen als „Possenfeind" oder als „Possenmacher" verstehen, vielleicht hat Morus das bewußt zweideutig gelassen, aber auch wenn man die zweite Deutung annimmt, könnte der Name nach Humanistenart ironisch gemeint sein: auch der Possenmacher gerade könnte Wahrheit aussprechen. — Wenn man den Autor und den „realistischen" Dialogpartner Morus identifiziert, müßte man nachweisen, welchen Sinn die Erfindung des — negativ gewerteten — Landes Utopia hätte und wie sich der positive Ernst der Erzählhaltung in der Utopia erklärt — das ist aber ohne Künstlichkeiten nicht möglich.

[12] Das erweist für Morus vor allem die Arbeit von *P. Huber,* 1953.

Surtz, The Praise of Wisdom, The Praise of Pleasure, weist im einzelnen nach, welche utopischen Positionen innerhalb der christlichen Tradition und ihrer humanistischen Umformung möglich waren und welcher Sinn den heidnischen Positionen innerhalb des christlichen Denkens zukam.

[13] *A. Doren,* Wunschräume und Wunschzeiten (Vorträge Bibliothek Warburg), 1927.

[14] Brief Budés an Th. Lupset, schon in der Ausgabe von 1518, Complete works (Yale Edition) 4, S. 10, 12.

[15] Die Bedeutung der Besitzverteilung für die Staatsform hat natürlich schon die antike Literatur betont, und Morus konnte auf diese Tradition zurückgreifen; aber die utopische Weltstruktur ist nicht nur eine Wiederentdeckung, sondern geht in ihrer Universalität über das antike Modell weit hinaus: sie ist eine Neuentdeckung.

[16] *Gerhard Ritter* z. B. hat gezeigt, wie der Versuch der Utopier, die Macht zu verrechtlichen, gerade in die Dialektik der Macht führt: auch die Utopier können der Machtübung nicht ganz entkommen.

[17] Auf eine Erörterung der wichtigen Frage, wie die Konfrontation mit dem Islam das christliche Bewußtsein im späten Mittelalter, etwa bei Nikolaus von Cues, beeinflußt hat, muß ich hier verzichten.

[18] Das ist zuerst eingehend dargelegt worden von *Russel Ames,* 1949; *Ames* interpretiert die Utopia als ein Produkt des Klassenkampfes.

[19] Die Rezeption des platonischen Themas ist freilich eine Umbildung: das konkrete, nämlich hellenische Ideal Platos wird zu einem abstrakten, intellektuell konstruktiven Ideal.

[20] Das hat vor allem *Russel Ames* herausgearbeitet. In den herkömmlichen Biographien, so auch bei *Chambers,* fehlen alle Angaben über die Berufskarriere des Morus und seinen wirtschaftlichen Status.

[21] Übersetzung satirischer Dialoge des Lukian: Philopseudes, Menippos und Cynikus ins Lateinische, zum Teil zusammen mit Erasmus, 1506; einer Lebensbeschreibung des großen humanistischen Platonikers, des Florentiners Pico della Mirandola ins Englische: The Life of Johan Picus (1505?), gedruckt zuerst ca. 1510; eine in Englisch und Latein geschriebene Geschichte Richards III., 1513; lateinische Epigramme: Epigrammata, zuerst veröffentlicht 1518, dann 1520 — und einige kleinere englische Dichtungen.

[22] Vgl. *Gibson,* Bibliography, S. 125—159.

[23] Responsio ad Convitia Martini Lutheri (= Vindicatio Henrici Octavi 1565), 1523; Dialogue (of divers matters) concerning heresies, 1528; Supplication of Souls, 1529; Confutation of Tyndale's Answer, 1532/33; A Letter impugning Fryth, 1532/33; Apology, 1533; Debellation of Salem and Bizance, 1533; Answer to the book which nameless heretic hath named the supper of the Lord, 1533.

[24] Vgl. zu diesem Gegensatz das in Anm. 7 angeführte Buch von *G. Ritter.*

[25] Über die Entwicklung der Utopie von Morus bis heute ausführlich mein oben Anm. 10 genannter Aufsatz.

[26] Mit den Werken Saint-Simons und Bonalds beginnt unmittelbar nach der Revolution die Soziologie.

Bibliographie

A. Texte

Thomae Mori Opera omnia latina, 1689, Nachdruck Frankfurt 1963. — Omnia latina opera, Löwen 1565. — The English Works, London 1557. — The Yale Edition of the Complete Works of St. Thomas More, Neue Briefe, hrsg. v. *H. Schulte Herbrüggen,* Münster 1966. The Latin Epigrams, ed. *L. Bradner,* Chicago 1953. — Responsio ad Lutherum, ed. *G. J. Dommeley,* Washington 1962 (engl. Übersetzungen und Anmerkungen). — The Correspondance of Sir Thomas More, ed. *E. F. Rogers,* Princeton 1947. — St. Thomas More, Selected Letters, ed. *E. F. Rogers,* New Haven 1961 (die lateinischen Briefe in Übersetzung, die englischen modernisiert, dort auch S. XIX—XXIII eine Bibliographie zur Biographie und der Zeit des Morus). — Sir Thomas More, Neue Briefe, hrsg. v. *H. Schulze Herbrüggen,* Münster 1966. Libellus vere aureus, nec minus salutaris quam festivus de optimo rei-(publicae) statu, deque nova insula Utopia, authore clarissimo viro Thoma More inclytae civitatis Londinensis cive et vicecomite cura M. Petri Aegidii Antwerpiensis, et arte Theodorici Martini Alustensis, Typographie almae Lovaniensium Academiae nunc primum accuratissime editus. Löwen 1516, Paris 1517, Basel 1518 (mit leicht variierenden Titelversionen). (Erste deutsche Ausgabe — Buch II — Basel 1524). — Die Ausgaben von *J. H. Lupton,* Oxford 1895, *V. Michels* und *Th. Ziegler,* Berlin 1895, und *M. Delcourt,* Paris 1936, sind wegen der Kommentare wertvoll.

Utopia, ed. by *E. Surtz* S. J. and *J. H. Hexter* (The Yale Edition Bd. 4) 1965 (lateinischer Text, nach der Ausgabe von 1518, englische Übersetzung; bedeutender und umfassender aus den zeitgenössischen Quellen erarbeiteter Kommentar, große Einleitungen über Entstehung, Aufbau, Quellen, Parallelen, Wirkung und Ausgaben. Unentbehrliche Grundlage jeder näheren Beschäftigung). — Utopia, übersetzt von *Gerhard Ritter,* mit einer Einleitung von *Hermann Oncken* (Klassiker der Politik 1), Berlin 1922. Nachdruck Essen 1966 (die Einleitung ist, obwohl in ihren Grundthesen überwunden, noch heute für die Analyse von Entstehung und Aufbau des Werkes wichtig). — Utopia, in: Der utopische Staat, hrsg. und übersetzt von *K. J. Heinisch* (Rowohlts Klassiker 68/69), 1960 (mit einem wenig befriedigenden Essay: Zum Verständnis der Werke, und einer umfänglichen, aber unvollständigen und ungeordneten Bibliographie, zumal älterer Literatur).

B. Literatur

1. Bibliographien

Frank and *Majie Padberg Sullivan,* Moreana 1478—1945, Kansas City 1946 (lückenhaft, zumal für deutsche Literatur, aber nützlich). — *Dies.,* Sir Thomas More. A first Bibliographical Notebook, Los Angeles 1953. — *R. W. Gibson,* A Preliminary Bibliography to the Works of Thomas More and of Moreana to 1750, New Haven 1961 (das großartige Resultat einer 10jährigen gelehrten bibliophilen Bemühung; S. 291—412: Utopias und Dystopias 1500—1750 [mit *J. M. Patrick*], die beste Zusammenstellung der älteren Utopien; mit ganz knappen Kommentaren; das Literaturverzeichnis zum Gesamtthema Utopie, S. 301—305 ist demgegenüber dürftig). — *Germain Marc' Hadour,* L'Univers de Thomas More. Chronologie critique de More, Erasme et leur époque (1477—1536), Paris 1963 (synchronoptisch, nützliches Hilfsmittel; mit vollständiger Bibliographie englischer und französischer Arbeiten).

2. Darstellungen und Untersuchungen

Robert P. Adams, The better Part of Valor. More, Erasmus, Colet and Vives, on Humanism, War and Peace 1496—1535, Seattle 1962 (besonders S. 122—157). — *R. Alcrofts,* Three Renaissance Expressions of Societal Responsibility: Th. More, Erasmus and Th. Müntzer, The Sixteenth Century Journal 3, 2, 1972, S. 11 ff. — *Russel Ames,* Citizen Thomas More and his Utopia, Princeton 1949 (Utopia ist „republican, bourgeois, and democratic"). — *Felice Battaglia,* Saggi sull'Utopia di Thomaso Moro, Bologna 1949 (in cap. 3 eine Auseinandersetzung mit Ritter). — *Oswald Bendemann,* Studie zur Staats- und Sozialauffassung des Thomas Morus, Diss. Berlin 1928 (gründlich und analytisch; konservativ, historistisch; gegen Onckens Imperialismustheorie). — *Harry Berger,* The Renaissance Imagination. Second World and Green World, The centennial Review 9, 1965, S. 36—78 (Morus). — *T. E. Bridgett,* Life and Writings of Sir Th. More, London 1891 (die wichtigste ältere Biographie; katholisch, gegen liberale Deutungen des 19. Jahrhunderts). — *Friedrich Brie,* Thomas Morus, der Heitere (Englische Studien 71), 1936 (konservativ). — *Ders.,* Machtpolitik und Krieg in der Utopia des Thomas Morus, Historisches Jahrbuch 61, 1941, S. 116—137 (gegen Ritter, im Anschluß an Hollis). — *Heinrich Brockhaus,* Die Utopiaschrift des Th. Morus, Leipzig 1929 (absurde Konstruktion, die Athosklöster seien Vorbild der Utopia). — *William E. Campbell,* More's Utopia and his Social Teaching, London 1930. — *Ders.,* Erasmus, Tyndale, and More, London 1949 (konservativ-katholische Interpretation, mit bedeutenden Einsichten). — *Raymond Wilson Chambers,* Thomas More, London 1935, zuletzt 1963, deutsch 1946 (die maßgebende Biographie; Vf. war Anglikaner und Literaturhistoriker; dazu: *R. Stamm,* Theologische Zeitschrift, Basel, 7, 1951). — On Utopia, Daedalus 94, Spring 1965. — *Marie Delcourt,* Recherches sur Thomas More. La tradition continentale et la tradition anglaise, Humanisme et Renaissance 3, 1938. — *Heinrich Dietzel,* Beiträge zur Geschichte des Sozialismus und Kommunismus, Vierteljahrsschrift für Staats- und Volkswirtschaft 5, 1896, S. 217—238. — *Henry W. Donner,* Introduction to Utopia, Uppsala 1945 (konservativ; gegen Oncken und Ritter; wichtig). — *Michael Freund,* Zur Deutung der Utopia des Thomas Morus, HZ 162, 1932, S. 254—278 (kritische Um- und Fortbildung der Onckenschen Thesen, auch gegen Brockhaus). — *Gerhard Friedrich,* Utopie und Reich Gottes. Zur Motivation politischen Verhaltens, Göttingen 1974. — *Jack H. Hexter,* More's Utopia. The Biography of an Idea, Princeton 1952 (wichtig für die Entstehungsgeschichte; historistisch, aber anti-konservativ und pro-utopisch). — *Ders.,* The Vision of Politics on the Eve of the Reformation, London 1973 (Morus, Machiavelli, Seyssel; neben der erweiterten Einleitung zur Yale-Edition der Utopia [cap. 2] enthält der Band in cap. 4 und 5 vergleichende Essays, die auch für unsere Frage nach dem Beginn der Neuzeit wichtig sind: Hexter sieht hier 3 Archetypen modernen politischen Denkens. In der Morus-Interpretation starke Betonung des Institutionalismus als Mittel gegen die Sünde, Autor stark an Raphael angenähert). — *Pearl Hogrefe,* The Sir Thomas More Circle, A Programm of Ideas and their Impact on Secular Drama, Urbana 1959 (geistesgeschichtlich, literaturwissenschaftlich, für die Utopia wichtig Teil I). — *Christopher Hollis,* Sir Thomas More, London 1934 (unhistorisch, konservativ; Morus als dogmatischer katholischer Christ; Utopia ist zum guten Teil Spiel und Exemplum heidnischer Afterweisheit). — *Paul Huber,* Traditionsfestigkeit und Traditionskritik bei Thomas Morus (Basler Beiträge zur Geschichtswissenschaft 47), Diss. Basel 1953 (ausgezeichnet, Verhältnis der Utopia zu den späteren Werken). — *Eberhard Jäckel,* Experimentum rationis. Christentum und Heidentum in der Utopia des Thomas Morus, Phil. Diss. Freiburg 1955. — *Ders.,* Utopia und Utopie, GWU 7, 1956, S. 655 bis 667 (antiutopische Interpretation der Utopia). — *H. St. Jevons,* Contemporary Models of Sir Thomas More's Utopia and the Socialized Inca Empire, Times (London), Literary Supplement, 2. 11. 1935, S. 692. — *Robbins S. Johnson,* More's Utopia. Ideal und Illusion, New Haven 1969 (jugendlich frisch, von gegenwärtigen Fragestellungen der Politik und Gesellschaft geleitet, antiutopistisch; Appell zum „adjustment of social ideas to the world of social tradition", gut über Institutionalismus). — *Karl Kautsky,* Thomas Morus und seine Utopie, Stuttgart 1890 (sozialistische Deutung). — *S. B. Liljegren,* Studies on the Origin and Early Tradition of English Utopian Fiction, Essays and Studies on English Language and Literature 23, 1961. — *Henner Löffler,* Macht und Konsens in den klassischen Staatsutopien, Köln 1972 (Totalitarismusverdacht). — *Gerhard Möbus,* Macht und Menschlichkeit in der Utopia des Thomas Morus, Berlin 1953. — *Ders.,*

Politik des Heiligen. Geist und Gesetz der Utopia des Thomas Morus, Berlin 1953; jetzt in 2., erweiterter Auflage: Politik und Menschlichkeit im Leben des Thomas Morus, Mainz 1966 (Utopia als Satire auf die heidnische, unkatholische Vernunft). — Moreana. Bulletin Thomas More, Nr. 15/16, Festschrift E. F. Rogers, 1967; und vor allem Nr. 31/32, Festschrift on More's Utopia in Honour of E. Surtz S. J., 1971 (wichtig; pro- und antiutopistische Interpretationen, meiner These am nächsten: *Lee Cullen Khanna,* The Case for Open-mindedness in the Commonwealth: Utopia als ein Plädoyer für „social change", mit vielen Einzelbeweisen auch aus Buch II). — *W. Nelson* (ed.), Twentieth Century Interpretations of Utopia, Eaglewood Cliffs 1968 (nützliche Sammlung). — *Hermann Oncken,* Die Utopia des Thomas Morus und das Machtproblem in der Staatslehre, Sitzungsberichte der Akademie der Wissenschaften, Phil.-Hist. Klasse, Heidelberg 1922; auch in: Nation und Geschichte, Berlin 1935 (Utopia als Ausdruck englischer Realpolitik mit konkreten Zielen, Antizipation des Imperialismus). — *R. Padberg,* Der Sinn der Utopia des Th. Morus, Theologie und Glaube 57, 1967, S. 28 ff. (Appell zur Verantwortung). — *André Prévost,* Th. More (1477—1535) et la crise de la pensée européenne, Tours 1969 (Utopia: Manifest des christlichen Humanismus). — *Ernest Edwin Reynolds,* Saint Thomas More, New York 1953, Neuauflagen 1958, 1964 (konservativ, etwas hagiographisch). — *Ders.,* Thomas More and Erasmus, London 1965. — *Gerhard Ritter,* Machtstaat und Utopie, München 1940. Neu bearbeitet: Die Dämonie der Macht, Stuttgart 1947 (das Problem von Macht und Moral; Morus als Ideologe des englisch-insularen Wohlfahrtsstaates, Korrektur von Oncken; das Problem des Imperialismus; gute Analyse über die Absicht der einzelnen Teile des Werks; Differenzierung zw.'schen Autor und Werk). — *August Ruegg,* Des Erasmus Lob der Torheit und des Thomas Mores Utopia (Gedenkschrift zum 400. Todestag des Erasmus), Basel 1936, S. 69 ff. — *Hubertus Schulte-Herbrüggen,* Utopie und Anti-Utopie, Bochum 1960 (besonders über Morus; Verhältnis von Plato und Morus; unhistorische Konstruktion eines eigenen Utopiebegriffs). — *Ferdinand Seibt,* Utopica. Modelle totaler Sozialplanung, Düsseldorf 1972 (Spätmittelalter und 16./17. Jahrhundert). — *Ders.,* Utopie im Mittelalter, HZ 208, 1969, S. 555—591. — *Kurt Sternberg,* Über die Utopia des Thomas Morus, Archiv für Recht- und Wirtschaftsphilosophie 26, 27, 1932—1934 (vor allem Auseinandersetzung mit Oncken und Bendemann; spekulativ). — *H. Süssmuth,* Studien zur Utopia des Thomas Morus (Reformationsgeschichtliche Studien und Texte 95), Münster 1967 (wichtig, gelehrt, historistisch; mit starkem Ton auf dem fiktiven Charakter, Autor fast gleich Dialog-Morus). — *Edward L. Surtz* S. J., The Praise of Wisdom. A Commentary on the Religious and Moral Problems and Backgrounds of St. Th. More's Utopia (Jesuit Studies), Chicago 1957. — *Ders.,* The Praise of Pleasure. Philosophy, Education, and Communism in More's Utopia, Cambridge 1957 (die wichtigsten neueren Interpretationen, historistisch). — Les Utopies à la Renaissance

(Université de Bruxelles, Travaux de l'Institut pour l'étude de la Renaissance et de l'Humanisme), Bruxelles/Paris 1963. — *G. A. van der Wal,* Motieven in Th. Morus' Utopia, Tijdschrift voor Filosofie 27, 1965, S. 419—475 (immanent, nicht-utopistische Interpretation). — *W. v. Wartburg,* Die Utopia des Th. Morus. Versuch einer Deutung, in: Discordia concors. Festschrift Bonjour 1, 1968, S. 63 ff. (historistisch, ideelles Gegenbild zur Wirklichkeit, um sich geistigen Abstand zu verschaffen).

Im übrigen ist die Literatur über den Humanismus, besonders in England, über Geschichte der politischen und sozialen Ideen, über Literaturgeschichte, Kirchengeschichte und allgemeine Geschichte Englands im 16. Jahrhundert und über die Geschichte der Utopie heranzuziehen; die meisten einschlägigen Werke enthalten mehr oder minder ausführliche Abschnitte über Morus oder die historischen Bedingungen für Person und Werk.

Walter Elliger
Müntzer

1975. Etwa 120 Seiten, kartoniert

(Kleine Vandenhoeck-Reihe 1409)

Der Band ist eine problemorientierte Darstellung Thomas Müntzers, die fundiert über die Motive und Ziele des „Außenseiters der Reformation" informiert. Sie zeigt die eigenwillige theologische Entwicklung eines selbständigen Geistes, der die von Gott geforderte Erneuerung der Kirche durch eine im wahren Glauben veränderte Christenheit betreibt, den Konflikt mit den politischen Gewalten nicht scheut und schließlich zu einer führenden Gestalt in der Erhebung der mitteldeutschen Bauernschaft wird. Die marxistische Interpretation Müntzers als eines politisch-sozialen Revolutionärs wird von den Quellen her in Frage gestellt.

Gleichzeitig erscheint von Walter Elliger eine umfangreiche Gesamtdarstellung von Müntzers Leben und Werk.

Vandenhoeck & Ruprecht in Göttingen und Zürich

Deutsche Geschichte

Herausgegeben von Joachim Leuschner
Kleine Vandenhoeck-Reihe

Vandenhoeck & Ruprecht in Göttingen und Zürich